그리운 어머니

서 문

지난날을 돌아봅니다.

배부르다 하시며 밥 한 순갈 더 얹어주시던 어머니. 어머니는 정말로 배가 부르신 줄로만 알았습니다. 고등어 머리만 잡수시고, 살점을 발라 주시던 어머니는 생선을 좋아하지 않은 줄 알았던 철부지였습니다.

말보다는 늘 본을 보이시던 어머니의 사랑 그것을 깨닫는 데 왜 이리 오랜 시간이 흐른 걸까요. 이제야 부모가 돼서 자식을 낳고, 길러봐야 어미 마음을 알게 될 거라던 말씀을 절감합니다.

자식을 위해서라면 불구덩이도 마다않으시던 어머니는 많이 늙으셨고, 당신 몸 하나 가누기도 힘겨워하십니다. 어떤 어머니는 이승을 하직하고 세상에 계시지 않습니다. 꽃다운 시절 모든 것을 접으시고 오로지 남편과 자식, 시어른을 받들고 봉양하시는 일에 모든 것을 바치신 분 어머니. 자신만의 삶은 없으셨던 어머니를 생각할수록 마음이 아프다 못해 쓰라립니다.

어머니의 사랑과 희생 없이 어떻게 저희들이 있었을까요. 아니 저라는 존재가 어떻게 이 자리에 있게 되었을까 생각하니 또 목이 멥니다. 어떤 권력자도 과학자와 문학가, 예술가도 어머니 앞에서는 고개를 숙이게 됩니다. 그들 또한 어머니가 계시지 않았다면 그 자리에 설 수가 없습니다. 때문에 어머니라는 말처럼 위대하고 거룩한 이름은 없다고 생각합니다.

저희들은 어머니가 그리워 지난날을 돌아보며 한 자 한 자 글을 쓰면서 그간의 불효에 얼마나 가슴을 치며 후회를 했는지 모릅니다. 지난 날 어른들께서 늘 말씀하셨지요. 살아계실 때 효도하란 말을 왜 그동안 잊고 살았는지요. 또 살아생전 어머니 마음을 왜 편하게 해 드리지 못했을까. 생각할수록 저희들이 천둥벌거숭이 못난이처럼 생각됩니다. 물론 지금에 와서 후회한들 돌이킬 수 없지만 이제라도 어머니의 사랑과 희생을 가슴에 새기고 싶습니다. 그리하여 저희 자식들에게도 좋은 부모가 될 수 있도록 뒤돌아보고 어머니께서 저희들에게 베풀어 주셨던 깊고 넓은 사랑을 닮아가고 싶습니다.

그리운 어머니! 당신을 사랑합니다, 존경합니다.

그리고 모든 어머니께 그간 말씀 드리지 못했던 저희들의 마음을 글로써 올립니다.

2012년 5월 저자 일동

차 례

3 서 문

8 강혜정 / 보고싶은 어머니
12 고승희 / 잡초를 뽑으며
16 고영옥 / 편히쉬소서. 어머니!
20 김민정 / 어머니의 두 번째 집
24 김성희 / 모정
27 김숙동 / 어머니의 도시락
33 김여정 / 어머님 영전에
37 김정자 / 내 어머니의 특이한 사랑법
43 김종숙 / 언제나 서른아홉
47 남기화 / 어머니의 꽃밭
51 노재섭 / 울지 않으렵니다. 그리운 어머니
59 류기학 / 흰 가래떡
63 박란석 / 엄마의 머리카락
66 박미월 / 어머니께 드리는 글
70 박진희 / 어머니 지금은 행복하신가요?
75 서정훈 / 어머니가 걸어준 금목걸이
82 송종태 / 장맛비

차 례

89 신귀숙 / 어머니의 장롱
94 신현애 / 어머니
98 안광석 / 어머니가 주신 보물 2
101 안영해 / 어머니
104 엄금순 / 멍에
108 연숙희 / 어머니의 기저귀
113 이강흠 / 그리운 이름 어머니
119 이두희 / 고향집에서의 하루
122 이미화 / 구절초 꽃
127 이석범 / 어머님 전상서
133 이신자 / 어머니의 나뭇짐
139 이재부 / 어머니! 문 좀 열어 줘
142 이정숙 / 어머님의 원동력
146 이정식 / 어머니의 손맛
150 이종준 / 어머니의 정
153 이황연 / 우리 어머니
159 임미옥 / 시어머니와 하루
163 정윤희 / 등 굽은 내 어머니 사랑합니다
168 정의륙 / 어머니 묘비석을 세우며

차 례

172 조경숙 / 어머니의 빈자리
179 趙順姫 / 어머니
183 조순희 / 어머니와 함께한 봄나물
189 최성은 / 봄, 눈 그리고
196 최종희 / 줌치
201 함금태 / 어머니
207 홍성란 / 밥상을 차리는 여인
211 홍성숙 / 어머님의 금메달
214 홍재석 / 한 많은 어머니의 인생
218 김홍은 / 살구꽃

보고싶은 어머니

강혜정

어머니.

무심천변에 활짝 핀 꽃들을 보며 봄이 오는가 싶더니 어느새 초여름 날씨에요. 그동안 잘 지내고 계시죠?

지난번 뵈었을 때는 예전과 달리 너무 야윈 어머니의 모습을 보는 순간 마음이 많이 아팠어요. 제 마음속에 자리한 엄마는 이 세상 누구보다도 강한 분이라고 믿었는데 세월 앞에서는 어쩔 수 없다는 걸 새삼 느꼈습니다. 몹쓸 병마와 싸우느라 온전치 못한 몸으로도 오랜 기간을 잘 버텨 오시느라 알게 모르게 점점 노쇠해 가시는 모습이 가슴 아픕니다. 어머니께 자주 찾아뵈어야 한다는 걸 생각은 하고 있으면서도 주변 일들을 보살피다 보면 금세 세월이 가곤 해요.

어머니.

며칠 전에는 서울 아이들이 이사를 했어요. 이삿짐을 정리 하다가 삼년 전에 딸아이들과 아버지 어머니를 모시고 제주도 여행 갔을 때 찍었던 사진들을 보았어요. 전해 드린다고 해 놓고 미처 전하지 못한 채 잊고 있었던지라 반가웠어요.

제 게으름을 용서 해 주세요.

각자 너무 바쁘다는 핑계로 시간 맞추기가 어려웠는데 그렇게 애지중지 하시는 손녀딸들을 모두 다 동행하게 돼서 한없이 좋다고 하시며 오랜만에 크게 웃음 짓던 그 모습이 생생하게 떠올라 저도 슬그머니 입가에 미소가 지어졌어요.

어머니 그때가 아마 꼭 이맘때 이었던 것 같아요. 자외선은 피부의 최대 적이라며 할머니를 위해 막내 손녀딸이 사온 챙 넓은 모자를 무척 마음에 들어 하셨지요. 사진이 잘 나오려면 화장을 하는 게 좋다는 아이들의 말에 다 늙어서 무슨 화장이냐며 손사래를 치면서도 십 년 만에 하는 화장 한 모습이 싫지만은 않았는지 수줍게 거울을 훔쳐보시던 엄마의 모습이 지금도 생각나네요.

저녁 식사 후 온 가족이 얼굴에 팩 하나씩 붙이고 찍은 사진은 어찌나 웃기던지…

마음대로 걸어 다니지 못하고 비록 휠체어에 의지해서 다닌 여행이었지만 마음만은 훨훨 날아다닌다고 말씀하셨었죠.

온 종일 다니느라 피곤하셨을 텐데도 그런 기색은 하나 없이 “참 좋다. 참 좋다.”를 연신 하시면서 즐거워 하셨지요. 그러고 보니 어머니와 함께 한 여행이 정말 오랜만 이라는 걸 알았어요.

남편과 아이들 때문에, 저만 사느라 바쁘다는 온갖 핑계로 너무 무심했구나 하면서 마음속으로 얼마나 후회가 되었는지 몰라요.

어머니도 여행을 정말 좋아하시는구나. 오랜 투병생활 속에 싱그런 자연을 만끽한다는 게 그 누구보다도 절실하셨겠구나 하는 것을 그제야 알았으니 너무도 부족한 딸이었어요. 어머니는 그냥 몸이 불편한 환자니까 라고만 생각 했었습니다. 사진을 가만히 들여다보고 있으니 옛날 생각이 나네요.

어머니 생각나세요?

제가 일곱 살 땐가? 누구에게도 지기 싫어하는 제 성격 탓에 평소 오빠하고도 티격태격 잘 했지요. 그 날도 무엇 때문인지 오빠와 싸우고 있는데 화가 난 엄마는 오빠와 저를 불러 종아리를 때리셨어요. 형제간의 우애를 걱정하면서 엄마가 잘못 가르쳤다고 자책하셨죠.

그러고는 너희들끼리 잘 살아보라고 하시곤 밖으로 나가셨구요. 해가 어둑어둑 지는데도 들어오시지 않는 엄마 때문에 '다시는 오빠와 싸우지 말아야지' 하는 반성과 '정말로 엄마가 없으면 어떻게 살지' 마음 졸이면서 있었어요.

한참 시간이 지난 뒤 엄마는 집에 오셨고, 그때 엄마의 손엔 내가 그렇게도 신고 싶다고 며칠 동안 사달라고 노랠 불렀던 빨간구두요, 텔레비전 속에서 유명 가수가 신고 나와서 내 마음을 쏙 빼앗아간 그 빨간구두를 사오셨죠. 그 때의 행복감이란…

언제나 내 편이라, 내가 제일 좋아하던 아빠였는데 그때는 세상에서 엄마가 제일 좋았어요. 저는 털털했던 성격이었지만, 이 구두만은 한 번 신고서는 걸레로 닦아놓고 작아져서 발이 아플 때까지 아끼고 아껴서 신었던 기억이 나네요.

어머니.

세월을 돌려놓을 수만 있다면 그 시절로 돌아가 어머니랑 함께 살고 싶어요.

어머니.

이제는 제 딸들도 다 커서 엄마를 제일 잘 이해 해 주고, 네 모녀가 친구같이 지내지만 전 공부만 하다 일찍 엄마 곁을 떠나오는 바람에 엄마에게 엄마의 아픔과 슬픔을 헤아리고 같이 공유해 주는 친구 같은 딸이 되질 못 했던 게 돌이켜 보면 제일 죄송해요.

이번 어버이날에는 어릴 적 어머니가 제가 정말 원했던 빨간 구두를 사주셨던 것 같이 예쁜 신발을 사 드릴게요. 얼른 일어나셔서 예쁜 신발 신고 딸 하고 손잡고 우리 다시 여행가요. 어머니의 그 지난날의 그 밝은 웃음을 다시 보고 싶어요.

사랑해요 어머니!

어머니가 사랑하는 딸 혜정 올림

잡초를 뽑으며

고승희

봄 햇살이 따사로운 주말 남편이 시부모님 산소에 간다기에 오색나물 김밥을 싸들고 따라나섰다. 분주한 도시를 벗어나자 반쯤 열린 차창 안으로 불어오는 산들바람이 마냥 싱그럽다. 바람 따라 봄 물결 일렁이고 눈부신 햇살에 초록빛이 반짝인다. 햇살을 가르며 짝을 지어 나르던 제비 한 마리가 찰랑거리는 논물 위로 물장구를 치고 비상을 한다. 먹이를 찾았는지 물빛이 흔들리고 흙냄새가 물씬 난다.

드디어 구불구불 산길을 돌아 그리운 정이 기다리는 산등성이가 저만치 보인다. 야트막한 산기슭 나뭇가지도 초록색 옷으로 갈아입었다. 초록색 병풍을 펼쳐 놓은 듯 아늑한 곳이 아버님 어머님 산소다. 잔을 드리고 절을 올리고 나서 "아버님 어머님 저희 왔습니다. 그간 편안하시지요."하고 일어서는데 생전에 쑥 향기를 좋아하시던 어머님 봉분 쪽으로 어린 쑥과 잡초가 무성하게 자라나 있었다. 들나물을 한 줌 뜯으려 했던 생각을 그만두고 면장갑을 끼고 잡초를 뽑았다.

작년 이맘때 합장해 드리고 새로 단장한 석물 주변에 잔디가 미처 자라지 않아 아직은 곱지 않았다. 비가 내린 후라 잡초들은 뿌리째 잘 뽑혀서 좋았다. 이름 모를 흔한 잡초 중에는 제비

꽃 패랭이 개망초만이 내가 아는 풀이다. 오른손으로 뿌리째 뽑아 왼손으로 옮기면 금세 한주먹에 가득 찼다. 뽑힌 잡초 속에는 보라색으로 핀 작은 제비꽃 들이 시들어져 안쓰럽다. 지난해 화분에 한 무더기 캐다 심어 놓고 날마다 물을 주며 가꾸는 제비꽃은 올봄에도 내 보살핌으로 꽃을 피우고 있다. 같은 꽃인데 이렇게 마구 뽑혀서 시들다니… 무리지어 무성하게 자라 땅속 깊이 내린 쑥 뿌리는 할 수 없이 호미로 캐야 했다. 봉분 위에 올라 연장으로 흙을 파헤치니 아버님, 어머님께 불경스러운 일 같아서 무척이나 죄송스러웠다.

생전에 어머님은 차츰 연로해지고 외출하기 어려워하실 무렵 내게 머리를 깎아 달라고 하셨다. 당황스러웠지만 서툰 솜씨로 큰 보자기를 목에 두르고 머리를 깎아 드렸다. 머리를 깎는 동안 어머님은 고추보다 더 매운 시집살이 하신 이야기를 들려주시며 목이 메시곤 하셨다. 갓 시집온 새색시가 긴긴 겨울밤 배가 고파 친정집 부엌에 남은 밥이 아른거려 잠 못 이루셨다며 깊은 주름을 타고 한이 맺힌 눈물을 흘리셨다. 어머님도 저도 이 집안의 같은 며느리니 그 멍울 진 아픔까지 같이 하면서 제가 어머님 편에 서 드리겠습니다 라고 다짐했었다.

가끔 어머님은 나를 불러 앞에 앉히시고는 힘드신 목소리로 집안 경조사 잘 챙기고 남매간에 서로 우애 좋게 지내도록 애써 달라는 말씀을 하셨다. 사는 게 힘들어도 남매간에 우애가 깊으면 그것이 큰 힘이 된다고, 누구 하나라도 배고프거나 마음 아프게 그냥 두면 안 된다고. 그 후로도 계속되는 당부 말씀에 꼭 그렇게 챙기겠다고 안심시켜 드렸다.

머리를 깎아 드리는 날은 내 손끝의 지시대로 고개를 위아래로 움직이시던 어머님…. 어머님 건강에 어두운 그림자가 드리워지며 머리숱도 눈에 띄게 줄어서 오래 걸리지 않는데도 "얘야~ 대강 해라. 아직 멀었니." 이렇게 앉아 계시는 것도 힘겨워하실 때까지 머리를 다듬어 드렸다.

아마도 봉분 위에 잡초와 쑥이 자라는 동안 어머님은 내가 오기를 봄 내내 기다리신 것 같았다. 머리를 깎아 드렸던 생전에 모습처럼 깔끔해진 산소에서 어머님 아버님의 온화한 미소를 느낀다. 오늘 밤에는 꿈속에라도 나타나셔서 잡초 뽑느라 수고했다며 아픈 내 손을 만져주실까.

어머님의 환한 미소를 느끼며 산소를 한 바퀴 둘러보다가 뽑아버린 잡초에 들꽃이 매달린 채 맥없이 시들어 있는 것이 보였다. 아무 곳에나 지천으로 자라는 잡초는 불청객이며 얄밉고 성가신 존재로만 여겼었다. 조금 전까지만 해도, 그런데 시들어버린 잡초를 보는 순간 측은한 생각이 드는 건 왜일까. 잡풀이 나지 않았더라면 잔 만 올리고 산소에서 곧 다른 곳으로 이동했을 게 아닌가.

나를 붙잡고 있었던 것은 시들은 잡초였다. 잡초를 뽑는 동안 어머님과 대화를 나누듯 머리 깎아 드리던 일 며느리 생일에 인절미를 해 주시던 일 등을 떠올리며 좀 더 잘해 드리지 못한 마음을 되돌아보게 되었으니 고마운 일이다. 다 뽑지 못하고 남아 있는 잡초들이 자주 와야 도리를 다하는 거라고 귀띔 해주는 것 같다.

밭고랑에도 뿌리를 내린 잡초가 무성하게 자라고 뽑아 주어야 땅이 숨을 쉰다고 하였던가. 풀 한 포기에도 이름이 있고 그 나름의 삶이 있다. 잡초들의 삶이란 끈질긴 자생 순환의 연속이다. 아무리 뽑아도 끈질긴 번식력은 감당할 길이 없다. 이제 저들의 끊임없이 자라는 생명력은 나를 부르는 거라 여기고 산소를 찾아오는 일에 게을리하지 않아야겠다는 생각을 한다.

소나무 그늘에 돗자리를 펴고 싸온 김밥을 펼쳐 놓고 앉으니 단무지 냄새가 시장기를 부추긴다. 사흘이 멀다 하고 자리에 누우실 정도로 잔병이 많으시던 어머님. 입맛이 도실 때는 김밥을 해먹자고 하실 만큼 좋아하셨다. 묘소 앞에 놓아드렸지만 무슨 소용이 있는 건가. 지난날을 생각하며 김밥을 바라보니 목이 메었다. 김밥 한 덩어리를 입에 넣자 눈시울이 적셔와 하늘을 바라보니 어디서 날아왔는지 산비둘기 한 쌍이 우리 머리 위를 맴돌다가 하늘 멀리 날아갔다. 비둘기가 날아간 창공을 바라보며 시부모님을 그리는 내 마음을 날개에 실어 보냈다. 어버이날 빨간 카네이션 대신 생전에 좋아하시던 김밥 향기만 드려도, 살랑대며 불어오는 오월의 훈풍은 한없이 온화한 어머님의 숨결이었다.

편히 쉬소서, 어머니!

고영옥

보고 싶은 어머니!

어머니가 가시고 안 계시는 땅에도 봄은 어김없이 찾아왔어요. 지금 막 살구나무 꽃길을 지나왔더니 엘리베이터 거울 속 내 머리 위에는 연분홍 살구꽃 잎이 예쁘게 앉았어요.

어머니, 그때 생각나세요? 학교에서 돌아왔는데 어머니가 보이지 않아 안방, 부엌, 심지어는 화장실까지 찾아다니다가 뒤란으로 돌아가니 살구나무 아래서 숨죽여 흐느끼셨지요. 울상이 되어 서 있는 내게 "오늘이 너의 외할머니 생신이란다." 하셨지요. 아침에 먹은 미역국의 의미를 비로소 알게 되었지요. 북녘 땅에 계시는 외할머니를 그리워하는 어머니가 어린 마음에도 너무 가여워 꼭 안아 드렸는데 그때 어머니 머리 위로 분홍색 살구 꽃잎이 나비처럼 살포시 내려앉았지요. "엄마 분홍 나비예요."라는 내 말에 어머니는 조금 웃으셨지요.

어머니는 들려주셨지요. 저 북녘 땅 황해도 해주 고을에서 양반 가문을 자랑하는 민 씨 종가에 1남 2녀 중 막내딸로 태어나 우리 어머니가 되었다고요. 일본의 압박에서 해방은 되었지만, 나라는 나뉘어 북쪽은 공산치하가 되었다지요. 아버지는 지주인데다 기독교인이어서 박해를 견디다 못해 먼저 남하하셨고,

큰아버지는 비밀리에 배를 주선하여 어머니와 우리 세 자매를 아버지가 계신 남한 땅으로 보내셨다지요? 배는 남쪽을 향해 가는데 가물가물 멀어지는 늙으신 부모님과 고향산천이 눈물에 가려 잘 보이지 않았다고 하시던 내 어머니! 살다 보면 다시 돌아갈 줄 아셨는데 영 못 가시고 말았군요.

어머니 인고의 세월은 세 딸을 데리고 삼팔선을 넘을 때부터 시작되었다지요. 천신만고 끝에 아버지를 만나 조금 안정되나 싶었더니 육이오가 터져 피난을 가서도 남편과 자식들을 지켜내는 일은 오롯이 어머니 몫이었지요. 옷가지를 곡식과 바꾸기 위해 포탄이 날아오는 거리를 헤매었고, 빈집 곳간도 뒤져내던 어머니의 처절한 25시가 우리를 지켜낼 수 있었다는 것을 우리는 알고 있어요. 휴전은 되었지만, 아버지의 박봉으로 대가족을 이끌어가는 어머니의 삶은 여전히 전쟁이었죠. 아무리 손(孫)이 귀한 집이라지만 아들 넷에 딸 다섯은 감당하기 어려운 숫자이지요. 너무 힘들어 주저앉고 싶을 때는 땅문서를 어루만지며 통일이 되어 고향에 가면 지금 고생은 추억으로 기억할 수 있다고 스스로 위로하며 살아내셨다는 말씀이 아프게 다가옵니다. 우리 민족의 염원인 통일의 그날은 언제일는지요?

심훈의 상록수가 사회적 이슈로 떠오르던 시절, 아버지가 농촌운동에 뛰어들면서부터, 어머니는 중요한 덕목으로 여기던 교양, 체면 같은 것들은 포기하셨다지요. 황무지에 장미꽃을 피우려는 아버지의 이상은 현실과 늘 어긋나서 열심히 닭을 길러놓으면 병이 돌아 쓸어갔고, 돼지를 길러놓으니 값이 폭락하였지요. 쌀독도 나무 광도 텅 빈 어느 추운 날, 청솔가지를 찍어

다 온돌을 데웠고 비굴하게 사정하여 외상 쌀을 얻어 오시어 춥고 배고파 떠는 자식들을 보듬으셨다지요. 동생들에게 꽤 양보하며 살았다고 억울해하던 철없는 이 딸은 어머니 앞에 무릎을 꿇습니다.

가여운 내 어머니! 놀랄 일이 너무도 많았던 파란만장한 삶은 심장병을 불러왔고, 고혈압, 당뇨 등 이름 있는 병은 다 얻게 되셨지요. 자식들이 장성하여 그동안 고생하신 부모님께 효도하고자 했지만, 어머니는 늘 마음만 받으셔야 했지요. 보약이나 건강식품을 사다 드려도 별 효험이 없었고 좋은 옷을 사다 드려도 맵시 있게 입어낼 수 없었으니까요. 꼭 한번 가고 싶다던 성지순례도 아버지 혼자 다녀오셨으니 말입니다. 아버지는 뒤늦게야 어머니의 병원수발 약 수발에 정성을 쏟으셨고 몇 년간은 공기 좋고 물 좋은 지리산 아랫동네에서 두 분이 오순도순 살기도 하셨지요. 평생토록 받들어 모시던 어려운 남편이 자상하게 시중들어 주시니 많이 행복하셨나요?

어머니! 우렁이는 제 몸에다 알을 낳고 알은 새끼가 되어 어미의 살을 파먹으며 자라게 된답니다. 한 점의 살도 남김없이 새끼들의 먹이로 주고 나서 빈껍데기가 되어 조용히 물에 떠내려가는 어미 우렁이의 일생이 내 어머니의 삶과 너무 닮았다는 생각을 하며 회한의 눈물을 흘립니다.

어머니! 평생도록 사무치게 그리웠던 부모·형제를 거기 하늘나라에서 만나셨지요? 오랜 세월 밀렸던 긴 이야기를 나누시며 많이 행복하셨으면 좋겠습니다. 어머니가 가신 지 40일 만에 아버지를 맞아들여야 했으니, 생전처럼 거기서도 분주하셨을 내 어머니! 이제 모든 시름일랑 그만 내려놓으시고 편히 쉬옵소서.

어머니의 두 번째 집

김민정

양지 바른 산자락에 위치한 노인 병원 병실에 들어서자 어머니는 침대 위에서 온몸을 자그맣게 웅크린 채 주무시고 계셨다. 올해 88세가 되신 어머니는 생활의 일부였던 기도와 찬송도 잊으신 지 오래다. 파노라마처럼 스쳐가는 삶의 숱한 기억도 잊으셨다. 손끝 하나도 마음대로 움직이지 못하고, 그저 때가 되면 나오는 밥을 먹고 자는 것이 생활의 전부다. 뇌세포가 많이 손상된 어머니는 당신의 입속에 무엇이 들어가는지, 누가 오고 가는지, 도무지 아무것도 알아보지 못한다.

가난한 순천박씨의 7남매의 맏딸로 태어나 열아홉 나이에 안동김씨 가문의 둘째 며느리로 시집오던 날, 대궐 같은 빨간 기와집 마당 한편에는 가을 추수를 해놓은 볏섬이 가득 쌓여 있었단다. 가난에 한이 서린 새색시는 볏섬을 보자 가장 먼저 생각난 것이 친정식구들 배곯지 않도록 해야겠다는 생각뿐이었단다.

동네에서도 이름 난 호랑이 같은 시어머니 앞에서는 밥 한술도 마음 놓고 먹을 수 없었던 어머니는 허기에 지쳐있을 친정 동생들이 눈에 선하여 시어머니 눈을 피해 작은 동구미에 쌀을 퍼 담아 머리에 이고 시오리 길이 넘는 산등성이를 온다 간다 말도 없이 단숨에 다녀오시곤 했다.

집에는 토광을 비롯하여 서너 군데의 광(창고)이 있었는데 친정집에 가져갈 보따리를 그 광속 깊이 채반으로 덮어 놓으셨다가 적당한 핑계거리를 만들어 친정으로 향하셨다. 그 날도 쌀이 든 동구미를 부랴부랴 던져놓고 오시다가 그만 부모산 비탈길에서 굴러 내리는 바람에 양 다리에 피가 줄줄 흘러 내렸다. 밤이 되어서야 알게 된 시어머니께서 "네가 우리 집 재산을 거덜 낼 작정이냐."고 역정을 내셨고 아무 말 못하시는 어머니의 눈가에 눈물이 한없이 흘러내렸다. 시어머니의 감시가 점점 심해지자 어머니는 밭에 김을 매러 간다고 하며 광주리에 점심 찬과 함께 더 작아진 쌀 동구미를 넣어 머리에 이고 나가셨다. 아버지는 그런 어머니를 보며 내색을 하지 않고 오히려 할머니의 시선을 따돌리며 감추어 주시곤 하셨는데, 어머니는 그런 아버지가 고마워 고추당초보다 맵다는 시집살이도 견뎌 낼 수 있었다고 하셨다.

마을 맨 꼭대기에 위치한 우리 집은 첫닭이 울면 새벽어둠이 채 걷히기도 전에 대문이 열렸고, 동네 아낙네들은 그 대문 여는 소리를 듣고 아침밥을 지었다고 한다.

춘궁기가 시작되는 음력 오월이 되면, 어머니의 친정은 더욱 궁핍해져만 갔다. 근심 가득한 어머니의 안색을 눈치 챈 아버지는 쌀가마니를 달구지에 싣고 처갓집으로 가셨다. 대쪽 같은 시어머니도 일 년에 단 한 번은 며느리의 마음을 헤아려 주신 것이다. 어머니의 친정에 대한 헌신과 간절한 염원 때문인지 세 명의 남자동생들 모두 약업에 종사하게 되었고, 친정집도 제법 살기가 넉넉해졌다.

어머니는 독실한 기독교인이셨다. 오직 신앙과 집념으로 한평생을 살아오신 어머니는 아버지가 돌아가신 뒤 곧 정신을 놓으셨다. 반짝이는 자개를 촘촘히 박았던 아버지와의 삶이 나비가 되어 날아 가버린 탓일까! 7남매의 보살핌에도 어머니는 하루가 다르게 현실에서 멀어져 가고 계셨다.

이제는 더 이상 커다란 대문을 열고 닫을 수가 없다. 어머니의 삶도 함께 닫혀 버린 셈이다. 늘 푸르고 싱싱할 것만 같았던 어머니였는데, 이제는 가두리 양식장 안에 갇혀 사는 물고기와 다름없는 것 같았다. 물고기가 갇혀 사는 것처럼 어머니의 노년은 오늘도 깊은 슬픔에 잠겨 있는 듯하다.

이곳 이층 창밖으로 보이는 산자락에는 진달래가 다섯 번이나 피고졌다. 어머니가 앞으로 몇 번의 봄을 더 볼는지 알 수 없다. 자식 곁에서 살기를 거부한 어머니는 아니지만 우리 형제 중 누구도 정적 속에서 깨어날 기미가 없는 어머니를 돌볼 자신은 없었다. 그저, 어머니의 매달 병원비를 대신 결제하는 것으로 면죄부를 받으려 하고 있는 것이다. 거친 파도를 해안 절벽이 막아내듯이 인고의 세월을 막아내고, 삼종지도를 숙명으로 살아온 어머니! 한때는 노심초사하며 친정집 식구들을 봉양하고 칠거지악도 미덕인 양 한시도 헛되이 살지 않은 삶이었거늘 집을 떠나 낯선 이곳에서 얼마나 허허롭고 삭막하실까? 지난 세월에 그 어떠한 보상도 받지 못하는 안타까움에 가슴이 먹먹해져 옴을 느낀다.

따뜻한 물수건으로 얼굴과 손과 발을 닦아드리자 삭정같이 마른 얼굴에 미소를 띠신다. 곱던 얼굴이 야월 대로 야위어 쓰다듬기조차 안쓰러웠다. 자신의 혼을 모두 쏟아버린 어머니는 이제야 모든 굴레에서 벗어난 듯하다.

한 줌밖에 남지 않은 어머니의 삶의 무게가 육신의 병으로 점점 가벼워지고 있을 무렵이었다. 나는 어머니의 티 없이 맑고 깨끗한 영혼을 비로소 보았다. 그 영혼의 빛을 지금까지도 자식들에게 비추고 있다는 것을…….

가끔 힘들고 지칠 때마다 어머니의 이 작은 숨결을 맡고 나면 따뜻한 옥돌을 맨살 위에 얹어놓은 느낌이 든다. 그 왜소한 몸에서 이토록 따뜻한 온기를 뿜어내는 어머니는 이미 아름다운 천사와도 같았다. 비록 눈을 마주하고 재미있는 이야기를 나누지는 못하지만, 보고 싶을 땐 언제든지 볼 수 있다는 것만으로도 다행스럽고 행복함을 느낀다.

어스름할 저녁 무렵 어머니 곁을 떠나오면서 뒤돌아본다. '어머니의 두 번째 집'에서 가느다란 연보랏빛 불빛이 내가 가는 길을 밝히고 있었다.

모정(母情)

김성희

겨우내 움츠렸던 나무 가지에도 연녹색 새싹들이 돋아난다. 봄은 살아 숨 쉬는 모든 것에 생명을 불어넣는 어머니의 숨결 같다. 어릴 적 어머니의 손을 잡고 목욕탕에 가는 길가에는 활짝 핀 철쭉이 발길을 멈추도록 아름다웠다. 작은 나의 손에 떨어진 꽃잎을 주워 주시며 빙그레 웃으시던 어머니의 미소는 철쭉보다 더 고운 모습으로 내 기억 속에 머물러있다.

며칠 전 어머니를 모시고 온천에 갔다. 진달래 개나리 피는 봄을 유난히 좋아하시는 어머니는 창밖의 풍광에서 눈을 떼지 못했다. 어쩌면 어머니도 지난날들을 그리워하고 있는지도 모른다. 이제 어머니 혼자서는 아무 곳에도 갈 수가 없다. 물렁뼈가 닳아 움직일 때마다 고통이 심해 결국 무릎 수술을 받았다. 그러나 시간이 흘러갈수록 다리는 점점 기운이 없어지면서 걷기조차 힘겨워 하신다. 휠체어 보행기에 기댄 채 한 발짝 한 발짝 옮기시는 어머니를 볼 때마다 애간장이 녹아내린다.

목욕탕에는 어느새 많은 사람들로 빈틈이 없다. 겨우 자리를 마련하고 앉은 어머니의 모습은 한 없이 작아 보였다. 어쩌다 목욕탕에 갈 때는 건강하다고만 생각했는데 어느새 살이 다 빠지고 가죽만 남아 보기만 해도 안쓰러워 가슴이 미어진다. 그런 어머니의 등을 미는 내내 행여 마음 상하실까 소리 없이 눈물이 흘렀다. 몸을 씻겨드리고 발을 닦으려던 나는 순간 흉한 발에 잠시 손을 멈추었다. 성한 발가락이 하나도 없다. 동상에 걸려 새까맣게 죽어있거나, 발톱이 빠져 있어 굳은살은 어디까지가 발가락인지 구분이 되지 않았다. 거기다가 발바닥은 시멘트 바닥처럼 쩍쩍 갈라져 금방이라도 피가 날것만 같다. 언제부턴가 어머니의 발은 늘 그랬다. 다른 사람도 아닌 내 어머니의 발이지만, 징그럽고 흉하다는 생각에 손이 머뭇거려졌다. 오늘도 선뜻 손을 내밀지 못하는 나를 바라보던 어머니는

"발이 징그럽나? 이 발은 네 생명과 바꾸었단다."

하시며 한숨을 내쉬고는 자식으로 인해 속이 새까맣게 타들어 갔던 날들이 생각이 나셨는지 한동안 말을 잇지 못했다.

"참 세월이 빠르구나. 네가 11살 되던 해에 갑자기 이름 모를 병으로 걷지 못하게 되어 병원에서도 포기한 너를 살리려고 안 해 본 것이 없었다. 추운 겨울날 눈 덮인 산천을 헤매고 다니면서도, 추워도 추운 줄도 몰랐고 발이 얼어 동상에 걸려 발톱이 빠져도 아픈 줄도 몰랐다. 때로는 넘어지고 가시에 찔려 피가 나도 너를 걷게 하는 약제만 구할 수 있다면 어디든 달려갔고 어떤 고통도 참아낼 수 있었다. 어떤 약초의 효험인지 모르지만 네가 다시 일어서 걷기 시작하던 날, 이 어미는 기뻐서 울었고 고마워서 울었다. 네가 걸을 수 있는데 이깟 발 쯤 아무려면 어떠냐."

어느새 어머니의 두 눈엔 가득 눈물이 고였다. 어떤 말조차 할 수 없어 두 발을 부여잡고, 마음속 깊이 어머니를 부르며 흐

느꼈다. 고개를 들지 못하고 있는 내 어깨를 말없이 다독이는 어머니의 손길이 한없이 부드럽고 따스하게 느껴졌다. 혹여 어머니의 발을 보면 자식들이 마음 아파할까봐 한여름에도 양말을 벗지 않으셨을 어머니, 이런 어머니의 마음을 나는 한 번이라도 헤아려 보았던가. 내손에 박힌 작은 가시만 아픔인줄 알았지 어머니의 아픔은 돌아보려 하지도 않았다. 그래도 긴 세월 서운함을 한 번도 내비치지 않으셨던 어머니!

어머니께서 내게 쏟았던 정성의 백만분의 일이라도 갚을 수 있으면 좋으련만 언제나 마음뿐이다. 안부전화 한통으로도 좋아하시는 어머니께 바쁘다는 핑계로 전화 한 번 제대로 해 본 적이 없다. 어머니는 언제나 그 자리에서 기다려주는 사람으로 생각하며 살아온 나의 무관심이 어머니를 외롭게 했다. 아이의 기침 소리만 들어도 나는 가슴이 내려앉는데, 걷지도 못하며 누워서 아파하던 나에 신음으로 어머니의 가슴은 얼마나 찢어지는 고통의 세월을 보내셨을까. 그런 어머니를 위해 난 무엇을 했단 말인가. 어머니라는 말만 떠올려도 죄스러움에 눈물이 난다.

어느덧 어머니의 연세도 미수(米壽)가 되었다. 어머니의 얼굴에 패인 주름은 나로 인해 생긴 것이 절반은 넘었으리라. 주름진 얼굴을 곱게 펴드릴 수 있다면 어머니의 시간을 되돌려 드리고 싶다. 나에게 소원이 있다면 어머니를 부를 수 있는 시간이 오래오래 남아있기를……

어머니의 도시락

김숙동

세월이 흘러도 변치 않는 것이 있다면 어머니가 자식을 바라보는 따스한 눈길과 사랑으로 가득 찬 마음일 것이다. 오늘도 친정집에 다녀오는 차 안에는 어머니의 손맛이 가득 실려 있다. 내 차가 보이지 않을 때까지 바라보고 서 계시는 어머니의 모습을 뒷거울로 바라보며 어느새 저리 늙으셨는지 가슴이 아리다. 늘 이것저것 챙겨주시며 조심하라 이르시니 여든이 가까우신 어머니 눈엔 쉰이 넘은 딸이 아직도 어린애 같아 보이시나보다. 돌아보면 난 참으로 못된 딸이었다.

유년시절 어머니는 하루도 빠짐없이 도시락을 싸셨다. 그날도 새벽같이 가족들 식사 준비하랴 넷이나 되는 자식들 도시락 챙기랴 정신이 없으신 어머니에게 교복이 구겨졌다며 골을 부렸다. 아침도 함께 드시지 못하시며 반듯하게 다리미질을 해주신 교복을 입고 나오면서도 토라진 마음이 풀어지질 않았다. 언제나처럼 대문까지 나오셔서 학교 가는 길을 배웅해 주시는 어머니의 눈길을 알기에 일부러 도시락을 길에 놓고 달려갔다. 어머니의 마음이 어떠실까 하는 생각보다는 내가 많이 심통 나 있다는 것을 알리기 위해서였다. 점심시간이 되기도 전부터 뱃속에서 쪼르륵 소리가 나고 두고 온 도시락 생각에 공부는 뒷전이었다. 그런 내 마음을 어머니는 다 아셨나보다. 교문 앞에서 어머니가 기다린다는 친구의 말에 후다닥 달려가니 도시락을 품에 안고 미소를 지으시는 어머니의 얼굴은 땀으로 젖어 있다.

"누가 도시락 갖다 달랬어?"

퉁명스럽게 한 마디하며 도시락을 받아들고 돌아섰다. 김이 모락모락 나는 따끈따끈한 밥에 내가 좋아하는 맛난 반찬으로 허겁지겁 고픈 배를 채우는데 나도 모르게 뚝 뚝 뚝 눈물이 밥 위로 떨어지며 목이 메여 밥이 넘어가지 않는다.

작은 아이는 일찍부터 학교 급식을 시작했지만 큰 아이는 고등학교를 졸업할 때까지 도시락을 갖고 다녔다. 새벽부터 일어나 도시락을 준비하는 것이 가끔 귀찮아질 때면 교문 앞에 서 계시던 어머니의 모습을 떠올렸다. 골 부리는 딸을 책망하기에 앞서 내 자식 배곯음이 안타까워 먼 길 마다않고 달려 온 어머니의 품에서 식지 않고 따뜻했던 그 눈물 젖은 밥을 생각하며 더 정성스레 도시락을 준비했다. 우연히 아들이 쓴 글 중에서 '딸그락 딸그락 매일 아침 도시락 소리에 잠을 깬다. 난 오늘도 엄마의 사랑을 먹으며 하루를 시작한다.' 라는 대목을 보았을 때 얼굴이 화끈 달아올랐다. 어머니가 싸주신 도시락을 길에 놓고 가는 발칙한 짓을 했던 내 학창시절을 아들이 안다면 뭐라고 할까. 지금껏 어머니께 죄송스러웠던 마음보다 자식에게 부끄러워지는 마음이 더 크게 느껴진다. '내 자식 입에 먹는 거 들어가는 것만 봐도 배가 부르다'는 말의 의미를 알게 되면서 도시락을 버리고 가는 딸을 바라보던 어머니의 마음을 헤아릴 수 있었다. 그러기에 오랜 세월이 흐른 지금도 내 가슴에 잊지 못할 어머니에 대한 죄스러움으로 남아있다. 그러나 무조건적인 사랑이 몸에 배인 어머니는 그 날을 기억조차 하지 못한다. 서운함을 가슴에 담아두지 않고 언제나 더 많은 사랑을 주고 싶어 하신다. 이제는 내가 어머니에게 사랑을 드려야 하건만 골 부리며 학교에 가는 철부지를 바라보시던 그 애처로운 눈길로 두 아이의 어미가 된 딸의 모습을 바라보고 계시는 어머니의 변함없는 사랑이 있어서 난 행복하다.

어머니는 평생 들꽃처럼 내 가까이에 계신다. 애써 소중함을 바라지도 않고 화려하게 빛나려 하지도 않는다. 진한 향으로 돋보이기보다는 은은함으로 오래도록 머물러 있다. 눈여겨보지 않으면 지나쳐 버리기 쉬운 들꽃처럼 어머니의 소중함을 잊고 살아 온 날들이 더 많다. 늘 그 자리에서 지켜주시고 챙겨주시는 어머니는 그런 사람인 줄로만 알았다. 아들 셋에 막내로 딸 하나를 키우시며 남다른 사랑을 내게 쏟으셨던 어머니의 마음속에는 내 딸만은 들판의 흔한 꽃이 되지 않게 하기 위한 바람이 있었던 건 아닐까. 예쁜 화분에 담겨있는 야생화를 보며 문득 그런 생각이 든다. 봄꽃이 다 지기 전에 정성껏 도시락을 준비하여 어머니의 손을 잡고 봄나들이를 나서야겠다. 벌써부터 환하게 웃음 짓는 어머니의 행복해 하시는 얼굴이 떠오른다.

오늘은 어머니가 너무도 보고싶다
꿈속에서라도 포근한 어머니 품에 안기고 싶다

어머님 영전에

김여정

어머님! 불효며느리 삼가 두어 줄 어머님 영전에 글월 올립니다.

어머님과 기나긴 세월 살아오며 이렇게 글월 드린 적이 오늘이 처음입니다.

저는 친정어머니 슬하에서 자란 세월보다도 더 긴 시간이었고, 어머니께서는 어느 따님보다도 더 오랜 삶을 저와 함께 하셨습니다.

그동안 살아오며 어머님께서 저에게 못마땅한 일도 많으셨겠지만, 또한 저도 어찌 서운한 일이 한두 가지이었겠습니까. 혈육도 아닌, 법으로 맺어진 인연으로 열 명의 새로운 식구를 맞게 된 저에게는 한사람이 한가지 씩 불만이 있으면 열 가지 불만이 제 가슴에 꽂히는 화살이 되어 괴로움과 어려움이 없지 않았습니다. 생활환경이 다르고 각자의 개성이 다른 우리는 한 가족이라는 테두리에서 어머님과 저에 역할에 가정의 평화가 달려 있다해도 과언이 아니었습니다.

늘 가슴에 그늘진 마음을 위로 받을 길 없었습니다. 그렇다고 사람이 어찌 할 말을 다하고 살겠습니까. 어머님의 말씀에 말대답을 하지 못하는 저의 장점이자 단점이기도 한 점이 습관이 되어 직접 말대답하는 일은 없었지만 가슴 한켠에 언제나 외로움과 억울함으로 얼룩져 남아 있었습니다.

어머님께서 5년 전 낙상으로 다리를 다치고 세 번씩 수술을 받으시며 거동이 불편하게 되시자 저는 아범과 같이 교대로 집을 지키고 세끼 식사를 따뜻하게 해드리며 시중드는 일을 최대의 효로 생각하였습니다. 그러나 어머님께서는 사람을 더 그리워하시며 "사람도 귀하다" 소리를 지르실 때에 따뜻한 위로의 말씀 한마디 못 해 드리고 또 제 말은 빨라서 못 알아들으신다며 묻고 또 물으시기 때문에 그냥 못들은 체 지나쳤습니다. 말벗이 그리워 그러시는 줄 알면서도 못 해 드린 것이 이렇게 가슴이 저며 올 줄은 몰랐습니다.

어머님, 저에게 남아있는 서운했던 마음 다 풀으시고 내세에 부처님의 법연 따라 다시 만날 때에는 좀 더 좋은 인연으로 뵙기를 기원합니다. 어머니께서 진지를 못 드시며 자리보전하고 미음과 음료를 조금씩 드실 때 "에미야" 부르며 보지도 않은 용변을 보셨다고 하면서 옆에 있기를 바라는 마음을 알았습니다. 그런데도 자리를 지켜드리지 못하고 시중만 들고나면 제 볼일을 보았습니다. 그렇게 두 달도 채우지 못하고 돌아가실 무렵 8~9일 밤낮으로 눈을 감지 못하고 한잠도 주무시지 못하는 어머님을 지켜보며 그 아픔을 대신 나누어 가질 수 있다면 하는 안타까움으로 뵈옵기 민망스러웠습니다.

사람의 생사가 깊은 잠에서 깨어나지 못함과 같고, 숨 한번 들여 쉬고 내쉬지 못하면 생과 사의 갈림길인 줄 알았습니다. 어머님은 사람의 생사해탈이 그토록 괴롭고 어렵다는 것을 저희들에게 보여 주셨습니다.

지금도 거실에 나오면 4년이 넘도록 한자리에 그것도 소파에 앉아 앞치기를 치고 진지 드시던 모습과 아범이 위장보호제를 가위로 잘라 입에 대드리면 어린아이처럼 매달려 빨아 잡수시고 알약은 쪼개어 맛있는 별미라도 드시듯 즐겨 드시며 너희들 고생시키지 않으려고 잡수신다던 어머님! 계셔야할 그곳에는 환상으로 벗어놓은 그림자뿐입니다. 입맛이 다 변했어도 커피 맛은 변하지 않으셨다며 두 손으로 큰 찻잔을 감싸고 천천히 맛있게 즐기시던 어머님은 저에게 대물림하여 커피 맛을 알게 해주셨습니다.

오늘도 방에 앉아있는데 어미야 부르는 소리에 쫓아 가 방문을 열어보니 찬바람만이 휭 돌고 쓸쓸한 빈 침대만이 덩그라니 남아 있습니다. "어미야 귀먹었니, 귓구멍을 뚫어놔야겠다." 하는 소리가 환청으로 메아리만 되돌아 웅어리집니다. "어머님" 하고 애타게 불러봐도 되돌아오는 후회만 가슴을 메웁니다. 밖에서 돌아오면 "누구냐?" 하며 반가워하시던 그 목소리가 다시 듣고 싶습니다. 왜 이렇게 어머님 안 계시는 집이 형용할 수 없이 허전하고 다 빈 것 같이 느껴지는지요. 허허로운 겨울 들녘처럼 텅 빈 가슴을 무엇으로도 채울 수 없습니다. 어머님의 자리가 이렇게 클 줄을 몰랐습니다.

몸부림으로 고통스러워하시던 그 날의 모습이 어제 일만 같은데 세월이 훌쩍 지나 종재를 당하였습니다. 꿈처럼 허망한 것이 인생살이라는 것을 다시 한 번 실감하옵니다. 어머님 집안일은 아무걱정 마시옵고 편안한 마음으로 길을 떠나시기를 간절히 바라옵니다. 늘 염려하시던 헌종이도 이제는 자기 앞가림 할 나이가 되었으며, 어머님 앞에서 다짐한 바도 있습니다. 어머님! 금생의 애착 탐착 다 놓으시어 삼세의 묵은 업장 녹이옵고 청정한 일념으로 자성을 회복하시와 반드시 불과를 성취하옵소서.

어머님이시여! 하감하시옵소서.

내 어머니의 특이한 사랑법

김 정 자

내 인생에서 가장 후회한 일을 꼽으라면 어머니의 임종을 지키지 못한 일이다. 어머니는 다산의 세월에 살았지만, 오직 오빠와 나 남매만을 낳으셨다. 남아선호 사상이 남다르셨다. 늘 오빠만 최고로 여기시며, 어린 내 마음에 홀대의 상처를 박혀주셨다. 왜 그러셨는지 어린 마음에 엄마를 많이 원망하는 못난 딸로 자랐다.

아버지는 젊은 시절 지금의 농협에 근무하셨지만, 조실부모한 큰고모님의 자식, 나에게는 고종사촌 삼 남매를 데려다 함께 살게 되었다. 그 많은 식구가 한 타령으로 먹어대는 식량을 대려니 어머니의 어깨가 매우 무거웠으리라. 어머니는 많은 식구를 위하여 닥치는 대로 장사를 하셨다. 떡 장사, 계란장사, 하물며 청주역에서 나오는 골탄을 주워 대장간에 팔기도 하셨다. 어머니의 손가락의 매듭이 너무도 굵어 반지가 들어가지 않았던 그 손가락 마디도 애달픔으로 남아 있다.

어머니는 할아버지를 최고 상전으로 모셨다. 아무리 바빠도 할아버지 밥상에는 막걸리 양은주전자와 고기와 생선이 떨어지지 않았고, 쌀이 귀했던 그 시절이지만 흰 쌀밥을 드시게 했다. 늘 어머니의 지극한 그 효를 흐뭇해하셨다. 이따금 헛기침으로 고맙다는 말씀을 대신 하셨던 모습도 떠오른다.

할아버지에게도 어머니가 최고였다. 어머니를 바라보시는 모습은 늘 안쓰러움 그리고 좋아하시는 표정이 역력했고, 밥상을 받으실 때면 할아버지의 무릎에 나를 앉히는 사랑이 거저 날아들기도 하였다. 어머니 사랑은 못 받았지만, 할아버지의 따뜻한 사랑은 오로지 어머니 덕분이었다는 것도 어렴풋이 알았다. 며느리가 사랑스러우시니 손녀딸이야 더 말할 나위가 없었음이 아니던가.

어느 날, 며칠을 어머니가 밤낮으로 수건을 쓰고 다니셨다. 이유인즉 낭자 머리를 파마머리로 바꾸었던 날이었다. 할아버지에게 혼이 날 것이 뻔한 일이 아닌가. 아니나 다를까 어머니의 파마머리를 들키던 날, 집에서 나가라는 호통을 치시는 바람에 쫓겨나 어머니는 며칠을 한밤중에 몰래 집에 들어와 주무시기도 했다.

그렇지만, 할아버지는 그 시절 중앙공원 내 있는 경로당(지금의 대한노인회)에 매일 나가셔서 골패도 하시고 장기도 두시면서 며느리 자랑을 어찌나 늘어놓으셨던지 그때는 효부상이 참 귀한 상이었는데, 세 번이나 수상하셔서 동네 사람들이 많이 부러워했다.

어머니와 아버지의 충돌은 없었다. 아침 일찍 출근하시면 밤늦게 귀가하는 아버지셨기 때문이었던 것 같다. 그러니까 어머니 중심으로 우리 가정을 꾸려 간 것 같다. 아버지는 학교에 월사금 같은 큰 지출을 맡으셨고 나머지 가계는 어머니가 꾸려나가셨다. 고종사촌 삼남매도 고등교육까지 마치도록 했던 것은 보통 힘든 일이 아니었을 텐데 오로지 그들의 외숙모인 나의 어머니 덕분이었다.

내 기억으로는, 어머니 몸빼 속주머니에는 언제나 큰돈이 두둑하게 들어 있었다. 그렇지만 딸 하나인 나에게는 후한 용돈 한 번 주신 기억이 없다. 동네 아이들이 주전부리할 때, 난 쓸쓸하고 외로웠다. 어려서부터 돈에 대한 소중함을 일깨워주시기 위함이었다는 것을 알지 못하고 아들로 태어나지 못하고, 딸로 태어남에 대한 구박으로 알고 어머니를 원망하며 미워했던 날도 있었다.

어머니는 여름날이면 이따금 참외를 한 지게 사들여 마당 한가운데 멍석에 배겨, 온 식구가 앉아 모깃불 피워 놓고 밤늦도록 도란거리며 참외 깎아 먹던 추억의 진풍경도 그립다. 그뿐이 아니다. 쌀은 한 가마니씩 부엌 한쪽에 세워놓으시고 외할아버지를 위하여 밥할 적마다 절미 항아리에 한 공기씩 모으셨다. 방학이 되면 오빠와 나를 제일 먼저 외할아버지댁으로 보내셨다. 쌀자루를 새끼줄로 묶어 어깨에 메고 외할아버지댁으로 가는 오빠는 힘은 들었지만, 미루나무 길을 하모니카 불면서 외할아버지댁 가는 길은 오직 우리 남매만의 즐거움이었다. 어머니는 시아버님에게도 친정아버님에게도 효부임에 틀림이 없었다.

어머니는 사위에게 '김 서방'이란 말을 하지 않으셨다. '여보게 사위!'라는 호칭을 쓰셨다. 그만큼 사위를 어려워하시는 분이셨고, 사위도 남자이기에 딸보다 더 살갑게 대해주셔서인지 남편은 늘 장모님이 최고라며 좋아했다. 나에게 냉정했던 마음을 사위에게 몽땅 쏟아 주어 사위로부터 살가운 사랑을 받도록 어머니만의 딸에 대한 특이한 사랑 법이란 걸 철이 든 후에야 알았다.

시어머님이 오래 살아계신 덕분에 우리 부부는 고향을 떠나 떨어져 산적이 없었다. 시어머님께서 작고하신 후 서울 본부로 남편이 발령을 받게 되어 서울에서 뒤늦게 신접살림을 차리게 되었을 때 일이다.

오빠에게서 나에게 전화 속으로 어머니의 마지막 소식을 전했을 때는 이미 어머니는 이 세상 분이 아니셨다. 놀라지 말고 내려오라는 오빠의 말 한마디는 어머니가 이승을 떠났음을 예고하였음을 직감할 수가 있었다.

그날 새벽 어머니 혼자 눈을 감으셨단다. 오빠 내외와 함께 사셨는데도, 안방에서 기거하는 그들은 건넌방 어머니가 먼 세상으로 가시는 모습을 보지 못하였다고 하였다. 목욕탕 흔적으로 보아 새벽에 목욕하신 것을 알 수가 있었다며, 오빠 내외는 허탈한 표정으로 말해 주었다. 그렇게 나의 어머니는 77세의 일기로 고독하게 홀로 쓸쓸히 임종을 맞으셨다. 어머니는 노후를 오빠 내외와 살면서 그들에게 미안한 마음으로 사셨다. 얼마나 아프셨으면 소리 한 번 내지 못하시고 조용히 눈을 감고 말았을까. 저승길로 떠나실 때 혼자서 무섭지는 않으셨는지….

어머니는 평생을 독실한 불교 신자셨다. 늘 죽음의 복을 부처님께 기도하시며 절에 다니셨다. 그래서인가 세상을 마치는 그 시간을 어찌 그리 아셨을까. 당신 몸을 깨끗하게 씻으시고 홀로 죽음을 맞이하셨으니. 부처님의 가호가 어머니께 내려졌는가 싶었다.

딸에게만은 따스한 정, 겉으로 내색 한번 못하신 채 평생을 사신 나의 어머니! 여자로 태어나면 자라서 남의 집 귀신이 되어야 한다며 따스한 눈길 한번을 주시지 않으셨다. 그러기에 나의 어린 시절은 늘 눈물을 찔끔거리며 서럽게 자랐다. 어른이 되어서도 나에게만은 냉정하셨던 어머니! 마지막 순간까지도 오직 하나뿐인 딸에게 하고 싶고 남기고 싶은 말이 없었을까? 끝내 어머니는 그렇게 냉엄한 어머니의 모습으로 내 곁을 떠나고 말았다.

다시 부르지 못할 나의 어머니가 떠나시던 해, 내 나이 이순이었다. 그 나이가 되도록 어머니와 나는 단둘이 여행도 한번 해보지 못했고, 모녀간의 다정한 이야기도, 달콤하고 행복한 순간을 단 한 번 도 나누지도 못한 채 어머니를 먼 곳으로 떠나보내게 된 불효녀를 얼마나 많이 원망하셨을까. 후회한들 무슨 소용이 있으랴. 한없이 울고 또 울어도 아무런 소용없는 일인 것을.

아무리 딸자식을 멀리하는 것이 딸의 행복을 위한 일이고, 어머니로서 잘 사는 여인의 삶이었다손 치더라도 이 세상 하직하시기 전에 마지막으로 "딸아, 나도 너를 사랑하는 어미였다!"라고 한마디 하셨더라면 내 가슴이 이렇게 아프진 않았으리. 그 한마디도 아끼고 특이한 사랑법을 끝내 매몰차게 지키시기만 한 나의 어머니!

끝내 어머니의 임종도 지키지 못하여 가슴 저린 여식의 마음을 어머니는 알기나 하실까? 마지막으로 "내 딸 좀 불러다오."

라고, 왜? 그 말씀조차 못하시고 홀로 떠나셨을까. 세상을 뜨는 마지막 순간까지도 누가 무서워 그리하셨을까. 가슴이 미어진다. 오로지 딸 하나인 나에게 세상을 마치는 그날도 한마디 말도 못하신 그 가슴은 까맣게 타 있었으리라. 평생을 아들만을 자식이라 생각하시며 딸은 저편에 바라만 보던 나의 어머니! 오늘은 나의 어머니가 너무도 보고 싶다. 포근한 어머니 품에 꿈에서라도 안겨 보고 싶다. 그리고 끝없이 용서를 빌고 싶다.

언제나 서른아홉

김종숙

아침부터 종일 비가 내리고 있다. 제법 썰렁함을 느끼며 열어놓았던 현관문을 꼭 닫았다. 추적추적 비가 내리면 나는 왠지 모를 우울함과 쓸쓸함을 느끼며 정신적인 침체기를 맞는다. 올해도 벌써 옆집에선 벌초들을 한다고 수선들을 떨고 있다.

아주 오래전 일이다.

봄비가 보슬보슬 하루 종일 내리고 또 하루를 내리면 겨우내 얼어붙은 대지가 기지개를 켜고 세상은 초록빛으로 물들어 있었다. 그즈음이면 엄마는 바쁘게 움직이기 시작한다.

오래되어 색깔이 바랜 무명 앞치마를 두르고 야트막한 산자락에서부터 시작해 산꼭대기까지 오르내리며 산나물을 뜯는다. 이른 아침 엄마는 커다란 광주리에 삶아놓은 산나물과 고사리를 수북이 담아 머리에 이고 십 오리 길을 걸어서 읍내 장에 가시곤 했다.

"산나물 사세요, 고사리 사세요." 집집마다 대문을 두드리며 그 가녀린 목으로 당신의 몸무게보다 무거운 나물 광주리를 받쳐 이고 온종일 소리친다.

어쩌다 한 번 맛있는 것 얻어먹고 읍내 구경할 요량으로 떼를 써서 엄마를 따라가면 기쁨은 잠깐이고 얼마나 힘이든지 모른다.

그만 집에 가자 조르면 "다리 아프지 그러게 왜 따라왔어. 가자. 맛있는 것 사줄게." 하고는 빵을 굽는 아줌마가 있는 아주 작은 가게로 가서 풀빵을 사주셨다.

해가 뉘엿뉘엿 서쪽 하늘을 넘으려 하면 엄마의 광주리는 텅 비고 축축이 젖어 풋풋한 산나물 냄새가 배인 보자기만 남는다. 시장 안에 들어서면 긴 탁자와 기다란 나무 의자가 거무죽죽하게 놓여있는 국수와 찐빵을 파는 가게가 있었다.

나는 찐빵을 먹고 엄마는 사리를 말아 놓은 면에 멸치로 맛을 낸 국물을 그득히 부어주는 국수를 먹었다. 어두워진 밤길을 엄마 손을 잡고 두 모녀가 나란히 걸어 집에 가노라면 어느 땐 휘영청 밝은 달이 환하게 밝혀주고 때론 수없이 많은 별들이 길동무를 해 줄때도 있었다.

그렇게 엄마가 번 돈은 우리들 학비로 다 쓰였다. 그땐 지금처럼 비닐하우스를 만들어 철 이른 채소를 키울 수 없는 때여서 제철의 농사에만 의존하다 보니 돈이 여간 귀한 게 아니었다.

엄만 봄엔 산나물을 뜯어 팔고, 여름이면 부화장에서 병아리를 사다 키운 닭을 파셨는데 그 돈은 모두 우리들이 썼다. 지금 생각하면 후회스런 일이 많다. 엄마는 무거운 짐을 많이 이고 다녀서 그런지 항상 머리를 수건으로 동여매셨고 어깨 좀 두드려라 팔 좀 주물러라 하셨다. 그럴 때면 내가 많이 불려갔는데 귀찮고 짜증이 나서 인상을 쓰고 투덜대다 성의 없다고 맞기도 여러 번 맞았다.

지금 생각하면 몹시 후회가 된다. 그때 좀 더 시원하게 꾹꾹 잘 주물러 드릴 것을… 그땐 그 일들이 왜 그리 귀찮고 싫었던

지. 나의 철없는 행동은 그 뒤로 더 심하게 이어졌다. 세월이 흘러 내가 사춘기로 접어들 때 오빠하고 읍내에서 자취를 하고 있었다.

어느 날 친구들과 걸어가고 있었는데 저만치서 엄마가 나물 광주리를 이고 이집 저집 대문을 두드리고 있었다.

봄볕에 산나물을 뜯느라 까맣게 그을은 얼굴에 빛바랜 스웨터를 입은 모습이 창피해서 엄마를 부르지 않고 그냥 지나쳤다. 자취방으로 돌아와 혼자가 되었을 때 얼마나 후회를 했던지 두 눈에서 뜨거운 눈물이 주르르 흘렀었다.

엄마는 외아들에게 시집와 외롭다고 우리들을 위해 당신은 자식을 여러 명 두겠다며 여섯 번째 아이를 낳다 서른아홉 젊은 나이로 세상을 떠나셨다.

엄마의 죽음 앞에서 동생들과 부둥켜안고 통곡하였지만 육신은 차갑게 굳어갈 뿐 나에게 어린동생들과 어떻게 살라는 말 한마디 못하고 고생스런 삶 속에서 떠나가셨다.

세월이 훌쩍 지나고 나도 엄마가 되었다.

하나만 낳을 생각이었는데 애들이 외로울까봐 둘을 낳았다. 엄마가 그랬던 것처럼 나도 애들이 들이대고 철없이 행동하면 버르장머릴 고칠 요량으로 쥐어박고 후려치기도 한다. 이 세상 무엇과도 바꿀 수 없는 사랑스런 내 자식들. 내 어머니는 자식들에 대한 사랑은 이보다 더 깊으셨으리라!

남편과 다투어 속상할 때도 애들이 말을 듣지 않아 화가 날 때도 언제나 엄마는 서른아홉의 젊은 모습으로 내 곁에 계신다. 세상에서 제일 그립고 정겹고, 평온한 내 가슴을 아리게 하는 단어는 어머니다.

언제 불러 봐도 목이 메고, 눈가에 이슬이 맺히게 하는 그리운 이름 어머니! 나의 유년이 고스란히 숨 쉬고 당신의 자취가 살아있는 금강물이 유유히 흐르는 곳 내 고향 뒷동산 양지쪽엔 어머니가 계신다.

십 수 년 동안 한 번도 찾아뵙지 못하는 딸을 올해는 오려나! 하며 기다리고 계실 것만 같다.

아! 이번 추석엔 내 아이들을 앞세우고 내려가 술 한 잔 따라 드리고 죄송하다고, 감사하다고 그리고 행복하게 살겠다고 말씀 드려야겠다.

어머니의 꽃밭

남기화

봄이면 기화요초들이 산과 들을 장식하고 이산 저산 골짜기마다 핑크빛 진달래꽃으로 물들어 아름다운 내 고향. 머지않아 아카시아꽃도 흐드러지게 피어 벌과 나비들은 꽃잔치로 흥겨워 어린 마음도 덩달아 설레던 고향의 봄.

어머니 이젠 모두가 먼 옛날이야기 같네요.

우리 육남매 키우시며 사회 봉사활동 하시는 아버지 내조 하시랴 힘든 담배농사일로 한여름의 열기와 끈적이는 담뱃잎이 더욱 지치게 하였지요. 자식들 공부시켜야 하니 오랜 세월을 힘들게 일하시다, 허리 디스크 수술까지 하고도 또, 그 농사를 계속 하느라 고생 많으셨지요. 어린 저희들까지 일을 도와 드려야 했기에 철없던 시절 그때는 어머니를 원망도 했었지요. 어머니는 아들 많은 집을 부러워 하셨어요. 농사일에는 힘이 좋은 청년들이 있는 집들은 일을 잘하니 딸 많은 우리 집은 큰 일 보다 잔손이 가는 일이나 도움이 되었겠지요.

딸이 다섯이나 되니 특히 인성교육에 엄격 하셨지요. 여자가 갖춰야 할 덕목 3가지로 말씨, 솜씨, 맵시를 늘 강조하셨고, 하나 밖에 없는 남동생은 조그만 잘못도 용서치 않고 회초리를 드셨지요. 그런 어머니가 계셨기에 남동생은 반듯하게 자라 열 아들 부럽지 않다며 동네 어른들은 칭찬하시어 동생이 듬직해서 참 좋아요.

우리고장에서 내조의 여왕으로 칭송 받던 어머니는 한복 입은 맵시 또한 남달리 아름다우셔서 많은 여성분들의 부러움을 사기도 하셨지요. 바쁜 농사일 중에도 틈을 내셔서 꽃을 가꾸어 우리 집 가는 양옆 길에는 봉선화, 맨드라미, 과꽃이 아름답게 피어 한여름 무더위에 목말라하는 꽃들에게 물을 주느라 쉬는 시간에도 정성으로 가꾸신 꽃들이 송이마다 향기로 남아 있었지요.

대문 옆엔 소국이 가을이면 노랗게 아름으로 피어나 벌들은 꿀 잔치를 하느라 바빴지요.

마당엔 화분마다 사군자 중에 대국이 우아한 자태로, 아름다운 빛깔과 고운 향기로 가을을 마당 가득 담고 우리 형제들을 기다렸지요. 벼 베는 시기에 어머니 생신이라 저희 형제들은 기쁜 마음으로 부모님을 찾아 뵈러가는 날이 제일 기뻐요. 그리웠던 고향 가는 길이 해마다 이어지는 행사지만 어머니가 피워놓은 국화 향기 속에서 옛 이야기를 나누는 시간들이 행복하고 즐거웠어요.

어머니.

어머니 생신을 마치고 돌아올 때면, 뒤뜰에 주황색으로 주렁주렁 달려있는 감나무가지를 꺾어와 벽에다 걸어놓고, 며칠 뒤 말랑말랑해진 달콤한 홍시를 먹으며 부모님과 고향집을 생각하고는 하였지요.

모전 여전이라 했던가요. 저도 어머니의 정서를 닮아서 그런지 꽃 가꾸는 것을 참 좋아해요. 집안에는 일 년 내내 아름다운 화분들로 예쁘게 꽃으로 장식되어있어요.

어머니, 이제는 봄이 되어도 엄마는 꽃씨를 심지 못하고 창밖의 세상만을 그리워하시니 언제쯤이 되어야 요양원을 나오셔서 예전처럼 고향 집에서 다시 살아볼까요?

언젠가 아버지께서 새벽 2시에 잠이 깨어 어머니가 보이지 않아 밖을 내다보니 그 밤중에 마당에서 국화를 돌보고 계시더라고 하신 말씀을 얼마 전인 것만 같은데 이젠 마음에 꽃밭만 가꾸며 하루하루를 눈물로 보내고 계신 어머니. 당신 혼자서는 한 발짝도 의료기 없인 바깥 세상에 나오지 못하시며 오랜 투병생활로 간호하시던 아버지마저 뇌졸중으로 두 분이 같은 요양원에서 자식들이 오기만을 기다리며 슬픈 나날을 보내고 계신 우리 부모님. 늘 곁에서 수발을 들어주지 못하는 이 자식은 죄송스러워 가슴이 아파요.

늙지도 않고 오래 오래 건강 하실 줄 알았는데 아버지 같이 훌륭한 분이 왜 저리 되셨나요. 동물들에게 밥을 줄 때에도 맛을 보고 밥을 주시던 자상하기로 소문난 아버지. 육 남매 키우며 농사일로, 사회봉사활동으로, 스트레스로, 일찍 건강을 잃고 처음엔 기억력을 전혀 못 찾으실 것 같았는데, 시간이 갈수록 기억력은 많이 회복되시어 대화를 할 수 있어서 감사해요. 어머니, 아버지 어서 건강회복 되셔서 친구 분들과 놀이도 하시고 자식들과 여행도 가셔요.

어머니.

제가 자식 낳아 키워보니 철없던 어린 시절 아들만 귀하게 여기고 딸들은 미워한다고 큰댁에 가서 큰어머니께 응석을 부리며 엄마는 왜 우리를 예뻐하지 않는다며 투정을 부리던 기억이 나요. 저도 딸을 키워보니 아들만 챙긴다고 골을 부려요. 그러지 않으려 노력했지만 어린 딸들은 제가 어릴 적처럼 똑같은 생각을 하네요. 자식을 낳아 길러보아야 부모님 마음을 알게 된다더니 이제야 알겠어요.

부모님이 계시지 않은 고향에 가면 이젠 누가 반겨주며, 형제가 모두 모여 어머니가 피워놓은 꽃향기 맡으며 언제 웃어볼까요. 국화 피는 가을이 오면 어머니 꼭 건강이 회복되셔야 해요.

고향엔 지금 쯤 고추 모 심으려 들판이 분주하겠지요. 어머니는 보지 않아도 계절의 감각으로 건강하실 때 했던 농사일을 생각하시며 일은 못 하더라도 고향에 가서 확인하고 느끼고 싶은 마음 얼마나 간절하시겠어요.

자주 찾아뵙지 못하는 불효자식을 용서 하시고, 이젠 아무 걱정마시고 더 아프지 마시고 마음 편히 쉬고 계세요. 불쌍한 우리 부모님.

아버지, 어머니 바로 찾아뵐게요.

울지 않으렵니다. 그리운 어머니

노재섭

어머니에 대한 추억이 많지 않다. 중학교 1학년 때 세상을 떠나시었으니 벌써 59년이라는 세월이 지났다. 어머니는 열아홉 나이에 2남2녀 중에 장남인 아버지에게 시집오셨다고 한다. 3년 후에 첫 아들인 나를 낳으시고 두 살 때에 아버지가 근무하시던 만주로 이주를 하셨다고 한다. 만주개척단에서 생활하면서 동생을 낳았고 해방되던 해 청주 고향으로 어렵게 내려 왔다고 하니 조금만 늦었어도 만주에 사는 조선족이 될 뻔하였다.

어머니는 손바느질 솜씨가 좋으신 분이었다. 동네 어르신이 명절이나 잔치 때 입을 바지, 저고리하며 두루마기 등을 만들었던 기억이 난다.

고향 시골에서는 옛날에 목화농사를 지었다. 동네 아줌마나 할머니들이 모여서 서로 일을 도와주었다. 목화를 타서 솜으로 고치를 말아서 물레로 실을 내린다. 나도 고치를 말아 물레질하면서 실을 내려 보았지만 어려웠다. 그리고 풀 먹인 실로 씨와 날을 걸어서 베틀을 사용하여 어머니가 직접 무명천을 짰다. 그리고 집에서 이 무명천에 검정색으로 염색을 했다. 어머니가 손수 재단을 하고 정성을 들여서 손바느질하여 초등학교 교복을 만들어 주시었다. 아들이 처음으로 초등학교에 입학하는 기쁨에 나에게 손수 지으신 새 무명옷을 입혀주시었다. 그러면서도 미안하신지 요다음에는 꼭 시장에서 파는 예쁜 교복을 사주신다는 말을 잊지 않으셨다.

초등학교 5학년 때 가을 소풍 가는 날 이었다. 아침을 먹는데 어머니가 안색이 안 좋으시었다. 6.25 전쟁 전에 아버지가 하시던 사업도 망하고 다시 사업을 일으키시려고 해도 세상이 어지러운 때라 살림이 매우 어려웠었다. 소풍갈 점심도시락을 준비하지 못하신 것이었다. 어린 생각에도 어머니에게 서운한 내색을 안 하려고 했던 것 같았다. 외상으로 준비한 과자 한 봉지, 오징어 그리고 사과 한 덩어리를 싸주시었다. 허리춤에 붙들어 매고 청주에서부터 걸어서 청원군 남이면 사동리에 있는 안심사 절까지 걸어서 갔다 왔다. 어린 마음에 부끄러워서 멀리 떨어진 곳에서 혼자서 점심을 먹었다. 지금 생각하면 아주 웰빙 점심이었다. 그날 소풍은 어린 나이에 매우 먼 거리었고, 아무 탈이 없어서 다행이었지만 힘든 소풍이었다. 저녁 해가 넘어가서야 늦게 도착하였으니 집에서 부모님들이 많은 걱정을 하셨단다. 그래도 험한 산길을 넘어 가다가 놀래서 달아나는 노루도 만나고, 돌아 올 때는 벌집을 건드려서 많은 친구들과 나도 벌에 쏘였던 기억이 난다. 초등학교 동창모임에 나가면 그 때의 추억을 재미있게 이야기 한다. 집에 도착하니 엄마는 어떻게 마련하셨는지 흰 쌀밥으로 저녁상을 차려 주시었다. 어머니에게는 점심도 친구와 같이 나누어서 잘 먹었으며, 안심사 절

이야기에, 국보 297호 영산회괘불탱 불교회화이야기와 소풍가서 즐거웠던 이야기를 해 드렸다. 어머니는 내심 안쓰러운지 아프고 지친 다리를 주물러 주시었다.

초등학교 6학년 때 중학교 입시준비로 모의고사 보는 전날 밤 늦잠을 자서 아침밥도 못 먹고 등교한 적이 있었다. 그런데 갑자기 복도에 어머니가 와 서 계신 것이다. 아침도 못 먹고 간 아들 생각에 어머니는 점심 도시락을 싸가지고 오신 것이다. 나는 아직도 그때의 어머니의 도시락 맛을 잊을 수가 없었다. 왜 그 점심 도시락이 마지막이 될 줄을 꿈에도 몰랐었다. 도시락 뚜껑을 여니 따스한 흰 쌀밥에 반찬은 노란배추 속, 양념으로 버무린 겉절이 김치였다. 고소한 참기름 냄새에 갓 절인 아삭아삭 씹히는 맵고도 달콤한 맛을 생각하면 지금도 군침이 돈다. 담임선생님을 만나시고 도시락을 전하고 돌아가시던 어머니의 온화한 모습이 지금도 선하다.

어머니는 피부가 고왔고, 성격이 온화하고 후덕한 분이셨다고 생각한다. 시골 마을에서도 음식솜씨가 좋아서 큰 잔치 일은 도맡아 하셨다고 한다. 6.25사변 전에는 청주에서 아버지께서 하시는 사업이 잘 되었다. 그래서 우리 집에 항상 손님이 많이 오셨다. 어머니가 늘 친절하게 대하시고, 대접을 잘 하신 덕에 고향 친척분이나 어르신들이 장날에 나오시면 꼭 들리시고 쉬었다 가셨던 기억이 난다.

그렇게 자상하시고, 마음씨 착하신 어머니는 어린 사남매 떼어놓으시고 왜 일찍 세상을 떠나셨는지 혼자 서러워서 운 적이 많았다. 중학교에 입학하였을 때 공부 잘 하라고 하시며 어려운 일 마다않고 힘든 일 많이 하시었다. 생활비에 학비 버시다가 몸에 무리가 왔는데도 건강을 돌보시지 않으시었다. 자식들에게는 힘든 내색도 하시지 않고 오직 공부만 열심히 하라고 하시던 어머니셨다. 지금 의료수준이면 쉽게 치료될 수 있는 병이었는데 돈 많이 든다고 치료하지 않으시고 버티신 것이 화근이 된 것 같았다. 그래서 자식으로서 더 안타깝고 죄스러운 마음이 한 없이 크다.

솔직히 말해서 환갑잔치 등에 초대를 받으면 참석하기 싫었다. 부모님이 환갑 전에 다 일찍 타계하셨기 때문에 마음이 무겁고, 죄스러운 마음에 타인의 잔치에 참석하지 못하고 축하금만 보낸 적이 많았다.

어머니!

다 아시지요? 착하고 아름다운 처를 만나 결혼한 지도 벌써 39년이 되었습니다. 할아버지, 할머니 그리고 아버지, 새어머니 다 잘 모시었습니다. 시누이, 시동생 시집, 장가 다 보냈습니다. 아내에겐 미안한 말이지만 잘 먹고, 잘 입고 편하게 지내고 있지만 저 세상에 계시는 어머님 생각에 항상 마음이 아파서 남 몰래 많이 울기도 하였답니다.

그 동안 교수로 열심히 가르치고 연구한 대학에서 제자들이 마련한 정년퇴임식을 하였답니다. 그리고 사랑하는 아내의 내조로 건강한 몸으로 칠순을 넘겨 보냈습니다. 귀여운 딸, 아들 잘 키웠으며, 공부 가르쳐서 시집 장가 잘 보냈습니다. 예쁜 손자도 외손자도 보았습니다. 내년이면 손자가 초등학교에 입학한다고 합니다.

어머니!

기쁘시지 않으세요?

이제 혼자 울지 않으렵니다.

어머니를 그리는 마음, 아내와 같이 늘 마음속 깊이 간직하렵니다.

어머니는 평생 희생만 하시다 돌아가셨다
오직 자식 사랑 하나만으로 사셨다

흰 가래떡

류 기 학

우리 집 김치광 지붕 이엉 속에는 어머니가 넣어 두신 흰 가래떡이 긴 엄동설한 매서운 추위를 견디다 못하고 딱딱하게 굳어버린다. 한 겨울에도 얼었다 녹다를 반복한 탓으로 매끈하던 가래떡 모습은 온데 간 데가 없다. 온 몸은 찢기고 갈라져 버렸고 마른 나무 작대기 같이 바싹 말라 비틀어져 버렸다. 마치 재너머 쇠쪽 밭에 메조씨모를 세우기 위해서 하루 종일 밭을 매고난 어머니 손처럼 그렇게 험하게 되어버려서 보기 민망할 정도다. 작은 아들 휴가 나오면 먹이려고 어머니가 넣어두신 가래떡이다. 내가 군에 가 있는 동안 어머니는 설 때 만든 가래떡을 뒤울안 김치광 지붕 이엉 속에 서너 개 넣어 두시었다가 내가 휴가를 나가면 떡국을 끓여 주시곤 하셨다.

마지막 휴가를 나오며 자식을 기다리고 계실 어머니 모습을 그려보면서 부대정문을 나온다. 내가 근무하던 곳은 서울 도봉동에 있던 후송병원이다. 집에 가는 길은 시내버스로 서울역까지 가서 중앙선 열차를 타고, 조치원역에서 내려서 다시 충북선으로 갈아타야 한다. 내릴 곳은 주덕역이다. 주덕역에서 가정리 우리 집까지는 먼 십리길이다. 지금은 행정구역이 충주시에 속하지만 전에는 중원군 이류면이다. 면 소재지 대소원에서 우리 동네까지 가려면 요도천(川)을 건너가야 한다. 지금은 큰 다리가 놓여 있어 볼 수 없지만 옛날에는 겨울철에 임시로 사용하는 나무로 만들어 놓은 섭다리를 건너가야 한다. 섭다리는 소나무 가지를 얼기설기 엮어 놓고 그 위에는 잔디를 떼어다가 덮어서 만들어 놓은 것이다. 많은 사람들이 다니다 보면 다리 중간 중간에 간혹 잔디가 내려 앉아 구멍이 뻥 뚫려 있는 곳이 있다. 그런 곳을 지날 때 딴전을 보다가 잘못 디디는 날이면 발이 갑자기 다리 밑으로 쭉 빠져서 나도 모르게 "아!" 하고 비명을 지르며 깜짝 놀랐던 기억이 난다.

요도천 나무다리를 건너면 고갯길이 길어서 이름 붙여진 "장고개"라 불렀다. 긴 고갯길을 넘어가야 하는데 보통 힘이 드는 것이 아니다. 그러나 집에서 자식을 기다릴 어머니를 생각하면서 나는 잰 걸음걸이로 부지런히 장고개 마루를 향해 걷는다. 고개 마루를 넘어서면 헐떡거리던 숨소리도 진정되고 멀리 큰 느티나무가 있는 당저마을 모퉁이가 눈에 들어 오면은 벌써 집에 다 온 것 같은 들뜬 기분이다. 저기서 우리 집은 조금만 더 가면 된다. 이제는 고개 내리막길이라 발걸음이 한결 가벼워진다. 내 걸음 걸이는 다른 사람들에 비해 좀 빠른 편이다. 나는 걸음을 걸을 때 양쪽 옆을 보느라 두리번거리지도 않고 오로지 앞만 보고 걸어가는 버릇이 있어 걸음이 빠른 것 같다. 석양이 서산마루에 걸치는 저녁때라 그런지 삼월 달 초봄인데도 아직도 매서운 찬바람이 씽- 하고 스쳐 지나갈 때 마다 내 볼때기가 떨어져 나가는 듯 몹시도 시렸다. 집에 가면 반갑게 맞아주실 어머니를 생각하면서 발걸음을 더 부지런히 옮기다 보니 다시금 숨소리가 하늘에 닿을 듯 헐레벌떡 거린다. 숨이 차서 내뿜는 입김은, 싸늘한 기운이 무서워서인지 뿌연 안개로 변해 안경너머로 사라지면서 내 시야를 가린다.

내가 집에 도착하면 어머니는 눈물을 글썽거리시며 반겨주시고는 또 곧바로 부엌으로 들어가신다. 아마도 또 내게 무엇을 먹이려고 준비하러 들어가시는 모양이다. 내가 집에 가는 날이면 어머니는 김치광 지붕 이엉 속에다 넣어두셨던 마른나무 작대기처럼 딱딱하게 굳어버린 흰 가래떡을 꺼내어 미지근한 물에 밤새도록 불리신다. 그리고 그 이튿날이면 꼭 떡국을 끓여서 주시곤 하셨다. 소고기도 넣지 않고 맹물에 끓인 떡국이라 지금과 같은 떡국 맛에 비할 수는 없지만, 어머니가 끓여주신 그때 그 떡국은 참으로 맛난 별미였다.

군대 가 있는 동안 세 번 휴가를 나왔는데 그때마다 이렇듯 지극 정성으로 자식을 사랑하는 인자한 모습을 내게 보여주신 분이 내 어머니다. 그러셨던 분이 지금은 몹쓸 노인성치매에 걸려 식사하시는 것 이외는 자식도 몰라보시고 세상사 아무것도 모르는 생활을 하시고 계신다. 하루 종일 하시는 일은 옷 보따리를 싸아 가지고는 집에 가신다고 방문을 열고 나오기도 하시고, 옆에서 들어도 알아들을 수 없는 이야기만 혼자서 중얼거리기도 하신다. 또 어느 때는 방안에 아이들이 놀고 있는 것으로 착각하고는 "얘 밥 먹어라, 아이 착하다."하시면서 대화를 하시기도 하고, 또 어느 때는 거울 속 자신을 다른 노인으로 착각하시고는 이야기를 주고받으면서 화를 내시기도 하신다.

인정이 너무 많으신 분이라 우리 동네 사람들에게 늘 베풀며 사는 삶을 살아오신 탓으로 많은 분들로 부터 칭송을 받아오셨던 분이다. 이렇듯 마음씨 고운 어머니에게 자식도 몰라보는 고통을 안겨주시다니 정말로 하늘이 원망스럽기만 하다.

올해 94세. 연세가 많으시지만 이제는 기력도 너무 쇠약해지신데다가 젊었을 때 일을 너무 많이 해서 그런지 허리는 구부시고 시력도 좋지 않으시다. 어머니 혼자서는 문밖을 출입하기가 어려운 실정이라 지난해 봄부터 노인정도 못 나가시고 항상 집에서만 계시자니 오죽이나 답답하실까?

늘 누군가의 보살핌이 있어야 하는 어머니를 바라보면서 지금 내 처지로서는 이러지도 저러지도 할 수 없는 형편이라 그저 가슴만 답답하고 안타까운 심정이다. 그저 아무것도 해드릴 수 없는 내 자신이 원망스러울 뿐이다. 남들은 말하기 좋아서 요양원에 모시는 것이 좋지 않으냐고 하지만 나를 낳아 길러주신 어머니를 그곳으로 보내는 것은 손발이 멀쩡한 자식으로서는 도저히 할 짓이 아니라는 생각이다. 내가 조금은 힘이 들더라도 어머니 치매증세가 지금보다 더 심해지지 않는 한 내 집에서 계속 모시고 싶은 심정이다.

오늘 마침 날이 따듯하여 어머니를 목욕시켜 드리면서 깡마른 팔다리를 보다보니 문득 그 옛날 어머니가 내게 떡국을 끓여주시려고 뒤울안 김치광 지붕 이엉 속에서 꺼내시던 바싹 말라비틀어진 흰 가래떡이 생각나서 잠시 눈시울을 적셨다.

엄마의 머리카락

박 란 석

여학교 동창회를 한다는 친구의 연락을 받고 덥수룩한 머리도 자르고 파마를 할 겸 미용실에 갔다. 봄처녀처럼 산뜻하고 예쁘게 해 달라고 미용사에게 머리를 맡겨 놓고 잠시 눈을 감고 있다 떠보니 바닥에 잘려나간 머리카락이 어지럽게 널브러져 있었다. 나는 항상 잘린 머리카락을 볼 때마다 어릴 적 내 어머니의 일이 떠오른다.

내가 어릴 때만 해도 생활 형편이 너무나 어려워서 한 반에 여자 30명 중에 중학교에 가는 학생은 세 명 정도밖에 되지 않았었다. 나도 글방을 하시는 할아버지께 한문이나 배우라고 하시는 것을 초등학교 선생님 하시던 작은 아버지께서 겨우 설득하셔서 시골에 있는 중학교를 외가에서 왕복 세 시간을 걸어서 다녔다. 집에는 방학 때나 주말에 특별한 일이 있을 때나 다니러 왔다. 그 날도 수업료 독촉을 받고는 토요일 수업이 끝나고 40리가 되는 길을 걸어서 오다보니 해는 벌써 지고 컴컴해질 무렵에서야 동네 어귀에 도착했다. 그전 같았으면 말무덤밭 모퉁이까지 아버지께서 마중을 나오시곤 했는데 그 날은 아버지의 모습이 보이지 않았다. 뭔가 이상하다 느끼며 집에 들어가 보니 엄마는 머리에 하얀 광목 수건을 쓰고 누워 계시고 동생들은 겁에 잔뜩 질린 모습으로 방구석에 웅크리고 있다가 나를 보고 반색을 하면서 낮에 있었던 일을 귀띔해 준다.

개울가에 버들강아지 물이 오르고, 아이들이 만들어 부는 버들피리 소리와 논갈이 하는 아버지들의 소 모는 소리가 아스라이 어우러지던 따뜻한 봄날이었다. 춘홍을 못 이겼는지 엄마와 이웃집 새댁들은 절안골 외딴집에 야매(무허가) 미용사가 왔다고 마실을 갔었단다. 봄바람 때문인지 새로운 것에 대한 호기심에선지 여럿이 하는 행동에 용기가 생겨서인지 엄마와 새댁들은 쪽진 머리를 자르고는 파마를 했단다. 숯불 화로에 꽂아 두었던 쇠꼬챙이로 일명 불 파마를 한 동네 새댁들은 다들 똑같은 머리를 하고는 어둑해져서야 집에 돌아오신 것이다.

얼결에 떠밀리다시피 머리를 지지고는 오셨지만 집에 들어서는 순간 아차! 하셨다. 갑자기 아버지의 불호령과 손이 어머니의 머리로 올랐고 어머니는 대문 밖으로 쫓겨나시고 난리가 났다. 그 때까지 한 번도 아버지와 어머니가 다투시는 모습을 본 적이 없던 동생들은 윗집 큰댁의 할머니께 이 사단을 알렸다. 말려 주실 줄 알았던 할머니는 더 야단이시고…

살림만 바깥마당 아래로 내 놓았지 모든 살림살이를 할머니가 하다시피 하셨는데, 더구나 어른들은 집안이 천지개벽을 한 것처럼 난리가 났다. 동생은 불난 집에 기름을 부은 거였다.

엄마는 아침마다 아주까리기름을 머리에 바르고 얼레빗과 참빗으로 곱게 머리를 빗으시고는 빠진 머리카락을 손바닥으로 싹싹 비벼 뭉쳐 모아 놓곤 하셨다. 그리고는 그 뭉쳐 놓았던 머리카락을 십자수를 곱게 놓아 만든 예쁜 복숭아 모양의 주머니에 꼭꼭 채워서 바늘꽂이를 만드시거나 방물장수 할머니가 오시면 머리숱이 많아 듬성듬성 잘라낸 머리카락을 보태어서 양재기나, 동동구리무, 빨간 약 등과 바꾸곤 하였었다. 얼마 뒤 엄마의 그 삼단 같던 긴 머리 다발 달비는 커다란 양은 다라로 바뀌었다. 그 뒤로는 엄마의 참빗질 하시는 모습도, 머리카락을 모으는 일도 다시는 볼 수가 없었다.

지극히도 순종적이셨던 엄마가 아버지 허락도 받지 않고 파마를 한 것은 우리 엄마 일생일대의 가장 큰 사건이었다. 지금와 생각해 보니, 그 때 우리 엄마 나이 서른다섯! 파마를 한 멋쟁이 신여성들이 얼마나 부러우셨을까!

돌아가신 엄마의 젊은 시절의 처음이자 마지막인 작은 반란이 생각나 지금은 기억조차 가물가물해진 내 어머니가 너무나 그리워 목이 멘다.

어머니께 드리는 글

박 미 월

어머니 이제는 알 것 같아요. 반평생을 사시면서 힘들은 내색 한 번 안하시고 일만 하시던 모습들이 그려집니다.

제가 8살 때 밭에서 일하시던 어머니께서는 배를 움켜쥐고 주저앉으셨지요. 아버지께서는 어머니를 리어카에 태우고 십리가 넘는 길을 달려가시어 차에 태워서 청주에 있는 병원으로 가셨는데 '늑막염' 으로 조금만 늦었으면 산모도 위험했다면서 수술을 하고, 6개월 된 태아는 잃고 말았지요. 병원비가 모자라 서둘러 퇴원 후에 집으로 오셨는데, 수술부위에 염증이 생겨서 피와 골음을 짜내고 물을 끓여서 소독을 하시고 상처가 아물기도 전에 밭일을 나가시던 모습이 떠오르네요.

31년 전 무더운 여름 뜨겁게 내리쬐는 햇볕을 이고 어머니를 따라서 동생과 함께 순백색의 목화를 따던 기억이 납니다. 우선은 덜 익은 자주 빛 목화다래를 따서 입안에 넣고, 세 모녀는 각자 앞치마에다 따 담은 목화를 자루에다 옮겨 담으면서, 목화는 왜 심은 거냐고 물었었지요. 언니들 시집갈 때 이불을 못해 주어서 아버지께서 심으신 거라고 말씀해 주셨어요. 어느 때는 밭가의 산기슭에다 목화대를 뽑아 널어놓았다가 마르면 하나하나 목화를 끄집어낸 것이 두 자루가 되어 신기하기만 했었지요.

장날이 되자 아버지께서는 목화자루를 지게에 지고, 어머니께서는 머리에 이고, 가셔서 두 채의 이불을 만들어 오시던 날, 화려한 신혼이불을 방안가득 펼쳐 놓으시고는 시집간 두 딸들이 따뜻하게 덮고 잘 생각을 하시면서 좋아 하시던 모습이 생각나요. 남은 솜은 자루에 담아 끈으로 묶어서 안방문과 천정사이 벽에 매달아 놓으시면서 하시던 말씀, "이 솜은 네가 시집갈 때 이불을 해줄 거란다, 언니들처럼 빨리 시집 가지마라." 하셨지요. 충주에 사는 두 언니들에게 이불을 전해주고 오신 아버지께서는 죽어도 여한이 없다고 하시며, 그렇게 좋아하셨는데… 2주일 만에 50세에 짧은 생을 마감하시고는 우리들 곁을 떠나셨지요.

어머니께서는 매일매일 울기만 하시고, 밖에도 나가시지 않고, 동네사람들 만나는 것도 꺼리고, 넋을 놓고 계실 때 저의 마음은 너무나 아팠어요. 저는 회사생활을 하면서 고등학교에 간 남동생 학비를 벌어야 했고, 어머니의 혈압 약을 사다 드리면서, 동생들에게 잘 챙겨 드리라고 하고는 눈물로 세월을 보내고 계실 어머니의 모습을 떠올리며, 힘든 회사생활을 참고 견뎌야만 했습니다. "어머니 조금만 기다리세요. 돈 벌어서 방한 칸 얻으면 청주로 모실께요." 그러나 어머니는 기다려주지 않으시고 아버지 곁으로 가셨습니다.

막내는 이제서 초등학교 1학년인데 아버지가 돌아가신 지 9개월 만에 그리도 급하게 황천길까지 따라 가실만큼 사랑하신 건가요? 목 놓아 울다가 혼자서 어머니의 마지막 모습을 본 여동생은 거품을 물고 실신을 하여 모인 사람들을 놀라게 하는 소동이 벌어졌었어요. 우리는 졸지에 고아가 되어, 사촌 오빠들과 형부들께서 가족회의를 하셔서, 전 재산인 시골집과 송아지 한 마리를 처분하고 동생들은 뿔뿔이 떨어져 친척집으로 가게 되었어요. 저는 문 위에 매달려있는 목화솜을 보면서, 시집갈 때 이불을 해주신다더니, 약속도 지키지 못하고 떠나가신 아버지 어머니가 원망스러웠습니다.

30년 동안 어머니의 손때가 묻어있는 장롱 옷, 그릇, 단지, 모든 살림살이들을 버려 둔 채로 정들었던 고향땅을 떠나가던 날, 가던 길을 되돌아보고 끝내는 울음을 터트렸어요. 혀를 차며 안타까워하는 고향사람들에게도 눈물로 헤어졌어요. 셋째인 열아홉 살 저에게는 세 명의 동생들을 유산으로 물려주시고, 열일곱 살 남동생은 큰집으로, 열다섯, 여덟 살의 여동생은 큰언니네로 가서 생활하다가, 남동생 졸업과 동시에 방 한 칸을 얻어 흩어졌던 4남매의 상봉과 함께 보금자리가 생기는 순간이었습니다. 소녀 가장으로서 책임감 때문에 틀에 박힌 생활 속에서 열심히 일하면서 공부하고 다람쥐 쳇바퀴 돌듯 회사, 학교, 집, 동생들에게 모범이 되어야만 된다는 생각뿐이었고, 지치고 힘들을 때면 어머니 산소에 달려가서 울면서 소리쳤어요. "어머니~ 너무 힘들어요. 살아가는 방법을 알려 주세요." 산소에 가서 실컷 울고 나면 답답한 가슴은 뚫리는 것 같았지요. 그 때마다 꿈속에 나타나서 묵묵히 바라보시곤 말없이 가셨는데, 꿈에서라도 어머니를 만나고 나면 힘이 생기고 어려움이 해결되었어요. 그래서 항상 우리를 지켜주고 계신다는 생각을 하면서 살아왔습니다.

어머니! 그 짧은 생애에 자식들에게 늘 하시던 말씀은 착하게 살아야한다. 어른을 공경해야한다. 형제간에 우애 있게 지내야 한다. 친구들하고도 싸우지 말아야한다. 이 말씀이 교육이셨던 것을 이제야 깨닫게 됩니다. 어머니께서 바라시던 대로 동생들이 착하게 잘 자라 주었고, 모두 결혼하여 열심히 노력하며 살고 있어요.

여덟 살이던 막내가 벌서 서른여덟 살이나 되어 결혼하여 남매를 두었네요. 우애가 있고 화목하다는 소리를 들으며, 6남매 모두가 청주에 살면서 두 달에 한 번씩 만나면, 우리 어머니처럼 착하셨던 분은 안계셨을 거라고, 어머니가 낳아서 길러주신 우리 6남매는 자랑스럽게 이야기 한답니다. 고향 사람들 만나면 말씀하시네요. 어린 나이에 부모 없이 어떻게들 사나? 걱정했는데, 우애가 좋다고 칭찬을 해 주시네요.

어머니! 그리고 아버지! 우리 6남매가 잘 살 수 있도록 도와주셔서 고맙습니다. 그리고 사랑합니다.

셋째 딸 올림

어머니 지금은 행복하신가요?

박진희

우리 오남매는 한복을 곱게 차려 입고 모였다. 먼저 도착해서 준비과정을 살펴보고 있는데 플랜카드문구에 "축! 고희"라고 쓰여 있다. 아! 잘못 되었네. 어떡하지… 서둘러서 관계자에게 글자가 잘못 되었다고 "축! 회갑"으로 바꿔 달라 했다. 그러면서 실수도 할 수 있겠구나 이해가 되었다.

아버지 환갑 때만 해도 환갑잔치를 하는 것이 당연하게 여겨졌지만 십 년이 지난 지금은 환갑잔치를 한다면 주위에서 한마디씩 한다. 요즘 누가 환갑잔치를 하느냐고, 가족끼리 식사하고 여행 보내 드리고 그런 것이 관례가 되어가고 있다. 그렇지만 우리는 고희까지 기다릴 수 없고 꼭 환갑잔치를 하고 싶었던 우리 오남매의 마음을 가족친지께 이해를 구하기 위해 글을 써서 낭독을 하게 되었다.

어려서 부모님을 여의고 남의 집일을 하시다가 친척의 소개로 지금의 아버지를 만난 어머니 나이 열 여섯 살이셨다. 얼굴 한번 보고 사진관에서 그날 바로 약혼사진 찍고 영화 한편 보고 결혼을 결심하고 그렇게 시집을 오셨다. 외롭고 힘든 생활에서 가족을 갖고 싶은 마음이 간절하셨으리라. 시집온 날 그날이 할머니 제사 날이었고 그렇게 시작된 어머니의 시집살이……

시어머니, 시아버지는 안 계셨지만 젊은 청춘에 홀로 되신 형님이 어린 남매를 키우고 계셨고 아버지는 그 집에서 함께 살고 계셨다.

작고 어린 나이에 시집와서 살림살이와 밭일까지도 혼자서 다 하시게 되었고 그러던 중 첫째 아들을 낳았지만 젖먹일 때 빼고는 아들한번 마음 편히 안아 볼 수 없었다. 형님께 자식을 거의 빼앗기 다시피 하였고 언니를 낳고도 젖 한번 제시간에 물릴 수 없었고 간난아이를 방안에 반나절이나 혼자 누여 놓고 밭에 갔다 오면 언니는 혼자 울다 지쳐서 힘없이 축 늘어져 있었다 하신다. 그렇게 자식을 다섯이나 낳으시고 형님의 눈치가 보이고 할일이 많아서 자식을 품에 안고 사랑 표현 한번 제대로 할 수 없었다. 그래서인지 아버지의 품에 안겼던 기억만 있다. 형님이 젊은 나이에 혼자 되어서 그러셨는지 어머니께 정신적 고통을 많이 주었고 낮에는 밭에 나가 일하시고 피곤한 몸으로 저녁을 짓고도 한밤중이 되어야 어머니의 방으로 들어가게끔 늦은 밤까지 일을 시키셨다 하신다.

그래서였을까? 어머니는 자살도 생각하셨다고 하신다. 그렇게 정신적 고통과 육체적 고통이 심해서? 어머니는 급기야 머리가 심하게 아픈 병에 걸리셨다. 삼십대 중반 젊은 나이에… 병원을 이곳저곳 다녀 보았지만 병명도 알 수 없고 일 년이 넘도록 그렇게 어머니는 점점 야위어만 가고 있었다. 작은 체구에 앙상하게 뼈만 남게 되었고, 허리는 바람 불면 꺾어질듯 했고, 다리는 새 다리가 되어 서 있기도 힘들어 매일 누워만 계셨다. 손목은 밥숟가락 들기도 힘들 정도로 처참하게 뼈만 남아 바싹 말라가고 계셨다. 먹는 것도 제대로 못 드시고 다 토하며 머리가 아파서 진통이 오기 시작하면 데굴데굴 구르셨다. 그 와중에도 우리가 볼까봐 아픔을 감추시던 모습이 지금도 생생하다. 아버지는 물에 빠진 사람이 지푸라기 잡는 심정으로 집에서 용하다는 무당을 모셔와 몇 번씩이나 굿을 하기도 했다. 그 시절이 나에게는 슬픔 그 자체였다. 병명도 알 수 없고 모든 사람들의 입소문으로 들리는 얘기가 얼마 못 사실 거라고 수군거렸다. 그렇게 가족 모두는 희망이 없는 낭떠러지 절벽 끝에서 속수무책으로 치료 한번 못하고 어머니를 그렇게 보낼 수밖에 없을 것 같았다.

그러나 그렇게 쉽게 손 놓기엔 너무 불쌍한 우리 어머니, 시집와서 고생만 하시다가 그렇게 보낼 수는 없었다. 그렇게 어머니도 포기하고 계셨지만 마지막 소원이란 말 "죽을 때 죽더라도 병명이나 알고 죽었으면 좋겠다." 하셨고 그렇게 수소문 끝에 서울에 있는 병원으로 다시 입원을 하게 되었다. 병원 측에서는 어머니의 병을 연구하기 시작했고 얼마 지나서 병명을 알게 되었다. 결핵성 뇌막염이었다. 이제 병명을 알았으니 치료를 할 수 있다는 희망이 생긴 것이다.

병원에 입원해 계셔도 거의 혼자 계셨고 아버지는 농사일에 어린 자식들의 끼니를 해 주시느라 일주일에 한번 병원비 계산하러 올라 가셨던 것이 전부였고 그 힘든 시간을 혼자서 우리 오남매를 두고 떠나실 수 없다는 유일한 집념으로 버티고 계셨다. 어머니 본인도 어려서 부모님이 안 계셔서 남동생과 고생하며 외롭게 살아온 생각에 부모 없는 삶을 다시 어머니 자식들에게는 물려주지 않으려 온 힘을 다해서 목숨을 꼭 붙잡고 계셨으리라. 어머니는 병원에서 치료를 시작하며 몸이 호전 되었고 이제는 집에서 약을 드셔도 된다는 기쁜 소식과 더불어 퇴원을 하셨다. 그러기까지 이 년이란 세월이 흘렀다. 약만 꾸준히 드시면 된다는 그 말은 희망이며 이제는 살 수 있을거라는 확신이 생긴 것이다. 그것만으로도 이 세상이 다시 열리는 기쁨이었다.

어머니께서 퇴원을 하시고 집에 오셔서 온가족이 오랜만에 둘러 앉았다. 아버지께서는 어머니께서 병원에 입원 하시던 날의 이야기를 하셨다. 병원에 입원 하시던 그날 여덟 살 막내가 걱정이 되고 눈에 밟혀서인지 따라 가지도 않고 집에 있던 막내가 금방까지도 어머니 옆에 있었다고 착각하시고는 갑자기 막내가 안 보인다고 애타게 찾으셨다 하신다. 머리가 아프셔서 정신이 맑지 않아 막내 걱정에 그런 착각을 하셨던 것이다. 그 고통의 순간에도 어머니는 아직 어린 자식이 제일 눈에 밝히셨던 것이다.

어느 날은 어머니께서 "예쁜 꽃무늬 치마가 입고 싶어요."라는 말을 하셨단다. 그 말을 아버지께서 들으셨을 때는 억장이 무너지는 청천벽력 같은 소리였다고, 이것이 마지막을 뜻하는구나 이제 얼마 남지 않았구나 생각하셨단다. 그러나 아버지께서는 눈물을 감추고 마지막 소원을 들어주기 위해 시장에 가셔서 꽃무늬가 그려진 치마를 사오셨다고… 아버지의 이야기를 듣는 우리 가족은 흐르는 눈물을 어찌 할 수 없었다. 그렇게 힘겹게 병과 싸워 이겨 내시고 살아 오셨지만 자식으로써 큰 행복 드리지 못하고 "가지 많은 나무 바람 잘 날 없다."고 자식들이 돌아가며 가슴 아프게도 했지만 이제는 어머니 편안하신가요? 행복하신가요?

오늘도 어머니는 바쁜 걸음으로 뒷 텃밭에 거름을 뿌리고 계신다. 작년에 고추 심었던 화분의 흙을 쏟아서 다시 거름과 섞고 고추를 심을 수 있게 화분마다 흙을 가득 담았다. 그리고 담벼락 아래 나란히 줄을 세워 놓으신다. 겨울 내내 방안에서 햇볕 한번 제대로 못 보고 있던 갖가지 화분들, 화초사랑이 남달라서 여러 종류의 식물이 있다. 백합과에 속하는 아마질레스, 방안에서도 빨간 열매를 탐스럽게 열고 있는 천냥금, 사계절 내내 주황색 꽃을 피고 지는 말바비스, 병 닦는 솔같이 꽃이 핀다하여 병솔나무, 벤자멘, 부용 외 등을 앞마당에 내 놓으시며 봄맞이를 하고 계신다. 앞마당이 온통 울긋불긋 예쁜 화분들로 가득하니 어머니의 얼굴에도 환한 미소가 번진다.

우리들에게 예쁜 미니정원의 모습도 계속해서 보여 주시고. 우리 오남매의 고향이자 안식처인 어머니 따스한 마음도 느낄 수 있도록 환한 미소도 오래도록 보여 주세요. 그 힘겨웠던 지난 시간들 이제는 다 잊으시고 행복한 하루하루 되시길 바랍니다.

어머니 진심으로 존경하고 사랑합니다. 건강하세요.

어머니가 걸어준 금목걸이

서정훈

사람이 살면서 일생 중에 한두 번쯤은 누구나 개과천선이랄까! 많은 변화를 가져다줄 특별한 계기가 있는가 보다.

나는 군생활을 북한이 바라다 보이는 최전방에서 했다. 국군장병 아저씨께 위문편지만 쓰던 내가 훈련소를 거쳐 8월3일에 근무부대로 배치되고 보니 말이 군인이지 너덜너덜한 작업복에 중노동 꾼처럼 부대원들이 전방초소를 콘크리트 벙커로 만드는 작업을 하고 있었다. 8월! 땡볕이 내려쬐이는 가파른 산을 오전에 시멘트 1포씩 두 번을 나르면 점심때가 되는 험준한 산을 오르내리며 작업하는 모든 것들이 너무도 힘들었다.

그런 고된 작업을 마치고 내무반으로 복귀하면 또다시 고참병 팬티 런닝샤스 양말 작업복 등을 매일 빨아서 밤새 말려 아침에 고참 머리맡에 가지런히 놓아야 했다. 고참병들이 하는말 "고참은 신이다! 신으로 모셔야 한다."

졸병은 군인도 사람도 아니었다. 이제 막 자대로 배치되어 군생활이 어리버리한 이등병은 정말 고참을 신처럼 모셨다.

"졸병은 시키는 대로만 하면 된다." 라고 말하는 선임병들의 말은 마당 한번 안 쓸어 봤던 내게는 견디기 어려운 고통이었다.

그러던 중 그 유명한 8.18 도끼만행 사건이 일어난 것이다.

1976년 8월18일 부대로 배치된 지 15일째 되던 날. 북한군이 판문점 부근에서 미루나무를 베던 미군을 도끼로 살해한 사건이다.

곧바로 우리부대도 데푸콘2 라는(전쟁준비 완료) 비상사태가 발생한 것이다. 부대장님의 다급한 목소리가 떨리고 있었다.

"우리 부대가 북한군을 보복하는 보복조로 명을 받았다. 지금부터 우리는 북한으로 침투한다. 따라서 공격 중에 적으로부터 어떠한 부상을 당하더라도 여러분 스스로 해결해야한다. 기어 오든지 굴러서 오든지 살고 싶으면 수단 방법을 가리지 마라. 대신 우리 임무가 완수되지 않으면 절대 후퇴란 있을 수 없다. 내가 살고 싶으면 먼저 쏴라. 살고 싶으면 죽기를 각오하고 싸워라."

후퇴 없는 공격이란 자살공격이나 마찬가지였다. 쉽게 말하면 우리는 총알받이였다.

수류탄 2발과 총알 700발 다 쏘고 나면 총검으로 싸우다 그 자리에서 죽을 수 밖에 없는 상황으로 전개 됐다.

아! 이 꽃다운 나이에 죽는다는 생각이 너무도 공포스럽고 무서웠다. 처음으로 죽음에 직면하니 그동안 지내온 시절이 주마등처럼 스쳐갔다. 처음엔 여자 친구가 생각났다.

"이제 정신 좀 차려라! 엄마 속 좀 그만 썩여라! 목사님을 소개해 줄테니 교회도 나가고 참다운 생활을 해라!"

난 그때 그냥 먹고 노는 것에 익숙해져 돈도 없지. 모양새라는 게 머리는 장발에 반바지. 슬리퍼 질질 끌고 다니던 젊은 날은. 지금 생각해도 우습기 짝이 없는 모습이었다. 정말 뭐하나 잘 해준 게 없는 여자 친구는 그래도 나에게 온갖 사랑표현을 다하는데 난 그저 사랑 받는 즐거움에 정신 못 차리고 허송세월을 보내고 있었다. 정말 코끝이 찡하니 보고 싶었다. 그리고 어머니 생각이 났다.

처음으로 어머니 생각을 하는 못난 아들이 후회의 눈물을 흘렸다. 망나니 같은 아들 때문에 흘린 어머니의 눈물에 비하면 눈곱만큼도 안 되지만 정말 뜨거운 참회의 눈물이었다. 성질도 못되고 참지 못하는 성격 때문에 종종 사고치고 어머니에게 화풀이 하면 "아들아, 정신 좀 차리거라." 하며 눈물을 머금고 아들을 피해 가시던 어머니셨다.

세상에 이런 아들이 어디 있을까.

어머니 속 썩인 일이 많아서 이루다 얘기할 수가 없다. 동네에선 어른들에게 인사성 밝고 예의 바른 내가 유독 어머니에게만, 왜 그렇게 못되게 행동 했는지 후회스러움에 펑펑 울고 싶었다.

그렇게 하루 이틀이 지나니 이젠 이등병도 용기가 생기고 국가에 대한 충성심과 애국심이 생겼다. 비록 내가 여기서 죽을지언정 내 가족을 특히 어머님을 지켜야 한다는 생각을 하니까 차츰 두려움이 없어지고, 처음으로 군인정신이 들었다. "그래. 사나이답게, 멋지게 죽자." 그런 생각을 하면서도 어머니만큼은 단 1초라도 보고 싶었다.

"엄마 그동안 미안했어!"

이 한마디를 어머니 앞에서 할 수 있다면 당장 죽어도 여한이 없다. 라는 간절한 소망을 기도 했다. 그러나 그런 나의 소망은 군용차의 시동 소리와 함께 사라졌다. 적진을 향해 출발하라는 명령이 떨어졌기 때문이다. 전쟁을 위해 지급되는 개인무기가 얼마나 무거운지 제대로 걷기도 힘들 정도였다. 북으로부터 가장 가까운 산 정상까지 도달 하라는 명령에 부대원들은 모두 비장한 마음과 긴장한 탓인지 숨소리 하나 들리지 않고 군화 발자국만 움직이고 있었다. 8월의 무더위에 군복은 땀으로 변색되고 얼굴엔 소낙비 오듯 했다.

산 정상에서 9부 능선 밑에 일단 대기명령으로 잠깐의 휴식을 취할 때 처음으로 바람 한 점 스치는 느낌과 나뭇잎이 흔들리는 것을 보았고 산새소리가 정적을 깨트리며 마치 내게 작별 인사라도 하듯 내 주위를 맴돌며 떠나지 않았다. 그 순간 모든 세상이 신비롭게 느껴졌다. 이름 모를 풀 한포기도 새롭게 보였고, 늘 보아온 파란하늘에 구름도 그렇게 아름다울 수가 없었다.

아무렇게나 생긴 돌조각 하나하나. 짓궂게 노래하는 매미소리 등. 내가 아닌 모든 것들이 신기하게도 새롭게 보이며 왜 그렇게 소중하고 아름다운지, 세상에 태어나 처음으로 느끼는 감정이었다.

한치 앞을 내다볼 수 없고 여차 하면 죽을 수밖에 없는 긴박한 순간에 그래도 아직까지는 내가 살아있고 숨 쉬고 있다는 것에 대한 고마움에 코끝이 찡하며 눈물이 핑 돌았다. 간사스럽게도 나는 나약해지고 힘들 때 스스로 어쩔 수 없는 상황에선 신을 찾는다는 걸 알았다. 신앙이 없던 난 그때부터 누군지도 모를 신에게 기도하는 마음을 가졌다.

"나를 버리고 내 운명은 신에게 맡기자." 라는 생각을 하며 산속에서 밤낮으로 며칠을 지냈다. 그러던 어느 날, 아침부터 하늘도 맑았고 뭔가 좋은 일이 있을 것 같은 예감이 들었다.

그런데 맞았다. 평생 잊지 못할 날을 맞은 것이다. 일단 부대로 복귀 한다는 명령이 내렸다.

5일간의 비상사태에 실제로 전투는 하지 않았지만 긴장감과 절박함은 말로 표현할 수 없다.

'아! 우선은 살았구나' 라는 안도감에 군화 한번 벗지 못하고 세수 한번 안한 내 얼굴을 쓰다듬어 봤다. 거칠고 윤기 없는 얼굴을 만지며 잠시 생각에 젖었다. "서정훈! 너 이제 살았구나." 라고 혼잣말을 했다. 부대로 복귀해서 제일 먼저 손톱을 깎아 넣은 하얀 봉투를 꺼냈다. 내가 전사하면 고향 부모님에게 배달되어 무덤으로 쓰려던 내육신의 일부였다. 그로부터 며칠이 더 지나 비상이 해제 되어 정상적인 군생활로 돌아왔다.

나는 밤새워 장문의 편지를 썼다.

"엄마! 나 살았어! 엄마! 정말 그동안 미안했구, 그리고 무지무지 사랑해!" 라는 문구를 처음으로 썼다. 자초지종 영문도 모르는 어머니는 무슨 생각을 하셨을까? 아들의 거짓 같은 말들을 믿기나 하셨을까? 그 후로 나는 3년 4개월의 군복무를 무사히 마치고 만기전역을 했다.

그렇게 씩씩한 아들이 집에 오자 어머니가 아프시다. 이게 웬일인가. 고혈압에 만성 위장병에 기가 허약하여 조금만 신경 쓰는 일이 있으시면 혼수상태가 되시는 그야말로 종합병원을 한 바퀴 돌아야 나을 수 있는 병을 앓고 계셨던 것이다. 동네 병원을 수도 없이 다녀서 약봉지가 큰 봉투로 가득 쌓여 있었다. 휴가 때도 아들이 걱정 할까봐 아프단 얘기를 안했단다. 난 꿈에도 생각지 못한 어머니의 아픔에 가슴이 덜컹 내려앉았다. 군생활을 하면서 그렇게 보고 싶어 하던 어머니가 아니었던가. 어떠한 일이 있더라도 어머니의 병을 꼭 낫게 해드려야겠다고 생각했다. 우선 어머니께 아들의 굳센 의지를 보여드렸다.

"엄마! 걱정하지 마. 이제 아들이 엄마 병 다 낫게 해 줄게. 조금만 기다려." 하며 어머니를 위로 했다. 우선 아는 지인을 통해 서울 중앙병원(지금은 아산병원)에 정밀 종합검진을 위해 입원을 시키고 병실에서 같이 자며, 이머니와 많은 대화를 했다. 정말 아들이 180도 변한 것을 느끼고 눈물을 흘리셨다.

"엄마. 나 걱정하지 마. 이젠 정말 엄마한테 잘 할게." 엄마와 아들의 대화는 모성의 본능과 자식의 효행의지가 어우러져 병실 한 모퉁이의 작은 드라마로 연출되는 극적인 순간이었다.

어머니는 또 눈물을 흘리신다. 아마 기적이라고 생각이 들 만큼 착하게 변한 아들이 대견스러워서 일까. 병원에서 검진결과 자궁암 초기라는 진단이 내려졌다. 그 당시 암이라면 무서운 병이었지만 초기 암은 자궁을 들어내면 완쾌가 100%라고 하며 다른 큰 병은 없고 다만 신경성 위염이 심하다는 것 외엔 우려할만한 증세는 없단다.

어지간히 아파서는 병원을 잘 다니시지 않는 어머니였기 때문에 큰 병을 미리 방지할 수 있어서 천만다행이었다. 수술은 성공적이었고 손톱 밑을 자주 따서 헐어있을 정도의 고질병 이었던 위장병은 모든 정성을 다해 민간 치료법과 한방치료를 꾸준히 하면서 게르마늄 물. 초정약수 등을 몇 년 동안 드시니 거의 완쾌 수준으로 건강을 찾으셨다.

어느 날 어머니로부터 전화가 왔다. 오늘 잠깐 다녀가라는 말씀이다. 무엇 때문이냐고 물어도 그냥 혼자만 살짝 오라 하신다. 어머니한테 도착하니 내가 좋아하는 반찬들이 즐비하다.

오랜만에 아버지와 어머니 그리고 큰아들, 이렇게 셋이서 밥상을 같이하니 너무 좋다.

집사람이 해주는 반찬에서는 느끼지 못하는 맛이다. 어머니가 말문을 여셨다.

"아들아, 정말 고맙다. 네가 이렇게 듬직한 아들이라는 것이 얼마나 행복한지 모른다. 내가 이렇게 건강해진 것이 아들 때문이다. 어제 동사무소에서 네게 효행상을 준다고 연락이 왔더구나. 그런데 엄마는 그런 상을 원치 않는다고 했다. 옛 말에 효자상 받는 자식은 일찍 단명을 한다는 말을 들은 적이 있단다. 행여 조금이라도 네게 해가 되는 일은 아무리 좋은 일이라도 엄마는 싫단다. 그래서 내가 사양한다고 했다. 괜찮지? 대신 이 목걸이를 받아라. 이 목걸이는 아버지하고 엄마가 오래 간직했던 반지로 만든 것이다."

나는 사양할 수도 사양해서도 안 되는 금목걸이를 받으려 고개를 내밀었다. 그리고 어머니의 글썽이는 눈에서 이 못난 아들을 그래도 사랑하는 뜨거운 눈물을 볼 수 있었다.

장맛비

송종태

폭풍 전야처럼 주위가 적막하다. 잠시 공허의 상태가 지속한다. 그때다, 폭우가 몰아친다. 나무가 춤을 추고 산은 자지러진다. 마음 한가운데 자리하던 고뇌와 잡념이 씻기어 간다. 시원하다, 순수한 청량감이 지난날의 회상과 그리움으로 피어오른다. 바위에 새겨진 이름처럼 어김없이 그 속으로 어머니 모습이 다가온다.

어머니는 고된 삶을 사신 가련한 여인이었다. 농사일이 끝나면 30리가 넘는 먼 산으로 땔감을 구하러 가셨다. 학교수업을 마치면 시오리쯤 가서 어머니를 만나 지게에 옮겨 싣는다. 그런데 오늘은 어머니께서 웬일인지 도착을 못하시고 계신다. 조금 더 올라가 보기로 하고 길을 나서는데 마차가 오고 있었다. 이웃집 아저씨다. 어머니께서 나무에서 떨어져 허리를 다치셨다며 빨리 가보라 하신다. 개울을 따라 지팡이를 잡고 오시는 초췌한 어머니 모습이 보였다. 어머니께서는 소나무에 올라 삭정이를 꺾다 발을 헛디뎌 허리를 심하게 다치셨다. 꼼짝을 못하시고 몇 날을 아무것도 드시지 못한 채 앓고 계셨다. 변변히 약도 못 지어 드리고 안타까움으로 자리를 지켜 드리는 것이 고작 내가 할 일이다. 사흘째 식사를 못 하신다. 탕약만이 머리맡에 싸늘히 식어갔다. 중학생인 나로서 만들 수 있는 음식은 고작 국수를 끓여 드리는 것뿐이었다. 일어나 앉지를 못하시는 어머니는 엎딘 채로 아들이 끓여주는 국수를 받아 드시고 체하시고 말았다. 결국, 못난 아들이 병을 하나 얹어 드리게 되고만 것이다.

어머니는 강한 분이셨다. 몇 날을 더 고생하시다 가까스로 일어나신 어머니는 똥물이 약으로 좋다는 말을 듣고 되들잇병에 마개 대신 솔잎을 채우셨다. 지금 생각하니 오물을 거르는 거름 막 대용이었다. 어머니는 변소에 병을 담가 오랫동안 스며든 똥물을 받아 드셨다. 그 모습을 지켜보던 나는 헛구역질을 몇 번이고 해댔다. 그런데도 아버지는 한 번도 어머니에게 약 한 첩 지어주시지 않았다. 그런 아버지가 야속하여 마음으로 내내 어머니를 모시고 멀리 고향을 떠나 서울로 떠날 꿈만을 꾸어왔다. 그 방법이 당시엔 최선의 길이라 생각했었다.

어머니는 비련(悲戀)의 여인이다. 평생을 살며 사랑 한번 받지 못하고 가슴에 얽긴 실타래 같은 사랑을 다 주고도 모자라 항상 수심으로 세월을 보낸 여인, 아버지 곁에는 항상 다른 여인들이 살고 있었고, 운명을 달관한 격한 설움 삭히며 살아가신 분이시다.

어머니는 할아버지 기일에 제수(祭需) 준비를 하여 청산(青山)으로 떠나셨다.

장손 며느리로서 임무를 다하기도 위함이지만, 가난한 집안으로 시집와 고생하는 큰며느리 등 한번 도닥이고 싶은 사랑 보듬고, 고향 지키며 선친 돌보며 성실하게 살아가는 작은 시숙 내외와 떡 만들고 적갈 부치며 사람 사는 얘기 나누는 쏠쏠한 정을 그리며, 마을 나서듯 먼 길을 나섰다.

아픈 허리 등에 메고, 머리엔 제수음식 가득 이고, 암탉 한 마리 손에 들고, 큰아들이 살고 선산이 있는 청산(青山)으로 가셨다. 청산에는 금강 지류인 보청천이 흐르고 그 강을 건너야 큰아들이 사는 마을로 갈 수가 있었다.

여름 장맛비로 강물이 불어 있었고 얕은 곳도 물살이 빠르게 흐르고 있다.

어머니는 누구도 건널 수 없는 그 물길을 건너신다. 그리움으로 한 발, 삶의 무게로 두 발, 마른 눈물로 세 발, 그렇게 내딛는다. 그 길이 영영 돌아오시지 못할 청산(青山)행(行)임을 모르는 채로…….

나는 군 복무 중이었다. 내가 청산에 도착했을 땐 이미 장례를 모두 마친 후다. 도무지 믿기질 않는다. 모두가 나를 속이고 있는 것만 같고 집에 가면 어머니가 계실 것만 같았다. 문의(文義) 집으로 돌아오니 집안은 텅 비어 있었다. 옆집사시는 어머니 친구 분께서 내 손을 잡으신다. 돌아가신 어머니를 마주하듯 못내 참았던 눈물이 터진다. 속으로만 흐르던 눈물은 터진 둑처럼 결국 가슴 밖으로 분출하고 만다. 흐느끼던 옆집 아주머니도 아이처럼 소리 내어 울음을 터트린다. 자주 찾던 둑길로 뛰쳐 올라 어머니를 부르며 뒹굴다 멍하니 하늘을 바라본다. 믿기지 않을 현상이 푸른 하늘에 펼쳐지고 있었다. 격한 울음도 가슴을 헤집던 슬픔도 순간 멈춰 버린다. 쌍무지개가 떠있다. 눈을 의심했지만, 분명히 선명한 형체로 하늘을 두르고 있었다. 옥새봉에 뿌리를 내리고 청룡사 쪽으로 뻗쳐 있었다. 그제야 마음이 편안하고 고요해진다. '극락에 가셨구나.' 어머니의 어질고 선한 모습이 조용히 내게로 다가온다.

어머니는 평생을 희생만 하시다 돌아가셨다. 행복이 무언지 모른다. 기쁨도 모르고 어떻게 웃는 건지도 모른다. 한 번도 웃어보지 못한 채 일그러진 가슴팍으로 담겨진 것은 오직 자식사랑, 그 뿐 이였다. 그러나 나의 인생길은 그 후로 제 길을 찾아가고 있었다. 어머니의 희생과 은덕이리라. 어머니의 굽은 허리와 당차게 다문 입술을 그리며 힘차게 세상길을 걸어갔다. 허약해진 어머니 품 한번 안아 드리지 못한 미안함을 벗고 못드린 사랑을 장맛비에 실어 어머니가 계시는 하늘 너머로 보내드린다.

어둠의 창밖으로 장맛비는 세차게 내리는데 아들 녀석이 등뒤에서 곤히 잠들어 있다. 그 옆으로 나도 눕는다. 나와 함께 할머니 꿈을 꾸었으면 좋겠다.

오빠와 언니가 모셔간대도 싫다 하셨다
'짐이 되기 싫다'는 이유에서였다

어머니의 장롱(欌籠)

신귀숙

며느리가 학생들과 수학여행을 가게 되었다며 전화를 걸어왔다. 올해 중학교에 갓 입학한 큰손자의 이른 아침 식사준비를, 아범에게 맡기기가 불안하다며 내 손을 빌리고 싶다는 청원의 전화였다. 며느리가 여행을 다녀 올 동안 사랑스런 손자들의 시중을 들어주고 내가 만든 식사를 함께하면서 지낼 생각을 하니, 며느리의 부탁이 오히려 반갑기만 하다.

이것저것 반찬거리로 채운 장바구니를 들고 가는 발걸음도 가볍다. 아파트 단지 내의 화단에는 백목련의 우유 빛 꽃망울들이 봉긋하니 살이 올라있고, 눈부신 햇살을 받은 나뭇가지마다 야들한 연록의 새순들이 꽃만큼이나 예쁘다. 누군가 누르는 초인종소리에 나가보니 아들 내외의 겨울옷을 한 아름 들고 서 있는 세탁소 아저씨였다. 건네받은 옷을 넣으려고 며느리의 장롱(欌籠) 문을 열었다. 아들 내외의 정갈한 옷들이, 어깨를 다정히 하고 걸려있는 널찍한 장롱 속을 바라보노라니, 먼 옛날 내 어머니의 초라하던 농이 문득 떠오른다. 시커먼 무쇠 맹꽁이 자물통이 걸려 있고 그 위에 두툼한 이불들이 얹혀 있던 볼품없는 큼직한 나무 궤가, 우리네 모녀의 사철 의복을 넣어두던 어머니의 농이었다.

도시에서 인쇄소를 경영 하셨던 아버지는 내가 일곱 살이던 해에, 종가와 선산이 계신 당신의 고향에다, 어머니와 우리 세 자매를 위한 딴살림을 차려 주었다. 아버지와 따로 살게 된 것을 어머니는 당신이 원해서였노라고 하셨지만, 어쩌면 어머니가 당신과 멀리 떨어져 살며, 당신의 아내이기 보다는 세 딸들의 엄마로만 살아 주기를 바라는 아버지의 속마음이 더 크지 않았나 싶다. 아버지는 기와집과 넉넉한 농토를 마련해 주어, 우리들 생활에는 부족함이 없도록 해 주었고, 명절과 제사 모내기와 가을 추수의 바쁜 농사철에만 감농(監農)을 위해서만 며칠씩 다녀가셨다.

삼십 세의 늦은 나이에 초산(初産)을 하셨던 어머니가, 셋째인 나를 임신했을 때, 태몽으로 보아 틀림없는 아들이라며 이름까지 지어 놓을 정도로 아버지의 기대가 크셨다고 한다. 그러나 그 기대가 허사가 되자, 작은 아버지가 주선 해 주는 대로 아버지는 소실(小室)을 들였다고 한다. 그 때만해도 밥술이나 먹는 집안이거나, 맏며느리가 아들을 낳지 못할 경우 축첩을 하는 일은 예사로운 일이었다. 아버지의 소실은 아버지와는 열세 살, 어머니보다는 열다섯 살이나 연하였다. 어머니는 당신이 도저히 견줄 수 없는 시앗의 젊음과, 그 몸에서 아들마저 얻게 되자, 아버지와의 별거를 원하게 되셨지 싶다.

내가 초등학교 오학년이 되던 해에 일어난 6.25 전쟁은, 아버지의 사업체와 더불어 경제적인 능력까지 모두 앗아가 버렸다. 어머니가 농사를 짓던 농토들은, 고향으로 돌아온 아버지의 소실과 그 몸에서 난 동생들과의 생활 터전으로 바뀌어 버렸다.

머슴과 논밭을 갈던 암소와 쟁기까지도 먼빛으로 바라다 보이는 아버지의 집으로 옮겨 갔다. 전쟁이 나기 전에는 백동(白銅)으로 장식을 하고 큼직한 붕어자물통이 물린 아담한 앞닫이와, 어머니의 손길에 반질반질 윤이 나던 이층농이 있었다.

외갓집 텃밭에서 자란 오동나무로 짠 어머니의 혼수품이었다. 지아비의 사랑을 받지 못하는 한스러움 속에서도 그리운 친정 부모님의 사랑을 느끼며 위안을 삼으셨을 그 농이, 전란 중에 불타 버렸음을 어머니는 두고두고 아까워 하셨다. 외할머니가 마련 해주신 넉넉한 혼수를 담은 새 농과, 동네 장정들이 혼수품을 지고 뒤따르게 하는 혼인 행렬로 어머니는 시집을 오셨단다. 은비녀를 물린 어머니의 쪽머리엔, 바람의 숨결에도 파르르 떨리는 나비잠(簪), 매화잠, 국화잠, 은(銀) 귀이게 등을 꽂아, 신부의 머리치장을 아름답게 장식하셨다고 했다. 꽃다운 나이에 신부가 되시던 날의 어머니 농속엔, 부귀(富貴)다남(多男)의 행복에 부푼 아름다운 꿈만이 진솔옷의 갈피갈피에 고이 담겨져 있었으리라.

어머니의 궤 농 속 맨 아래에는 보자기에 얌전히 싸인 아버지의 옷 한 벌과 족보가 들어 있었다. 올이 서도록 매끄럽게 다듬질이 고르게 된 명주 솜바지저고리와, 안감을 명주로 넣은 여덟 세 고운 흰 무명두루마기였다. 봄가을로 누에를 치고 목화를 심어 손수 실을 자아 한 올 한 올에 까지 정성을 들였을 어머니의 길쌈으로 마련된 옷이었다. 아버지가 설날 아침에 오시어 차례를 지낼 때에만 갈아입으시던 한복이었다.

언니들이 결혼을 하고 내 나이가 혼기에 이르면서, 어머니의 농속에는 양단 갑사 인조견 등, 고운 색과 예쁜 무늬들로 짜여진 색색의 치마저고리 감들이 늘어갔다. 내 딸만은 아름다운 여인으로 돋보여, 남편에게 사랑 받는 행복한 결혼생활이 되기를 바라는, 지고지순한 모정의 염원을 담았을 혼수(婚需)감들이었다. 딸의 혼수 장만은 어머니가 세상을 살아가는 희망과 보람이라도 되는 것처럼 보였다. 보따리장수가 풀어놓은 비단들을 이것저것 내 어깨에 걸쳐 보실 때의 어머니 얼굴에는 행복한 미소가 번졌다. 농속에 차곡차곡 늘어나는 새 옷감만큼의 부피로 어머니의 가슴도 흐뭇함이 채워져 갔으리라.

어머니는 조상님의 제사를 모시는 일과 장졸공(將卒公) 평산(平山) 신씨(申氏)문중의 족보를 당신 농속에 간직하고 있음을, 조강지처에 대한 남편의 예우(禮遇)로 믿고 계셨다. 그리고 아버지와 어머니성함이 나란히 기재 되어있는 호적에는, 어머니가 배 아파하며 낳지도 않은 아들들의 이름이 적혀 있었다. 이러한 일들에서 당신의 자존심을 지탱해 주는 긍지로 삼으셨던 어머니… 남존여비 사상과 아들을 선호하던 시대상황(時代狀況)의 희생이었음에도 당신의 타고난 팔자로 받아드리고, 아버지를 원망하거나 사앗을 투기해서 일어나는 가정불화의 모습을 딸들에게 보이지 않으셨던 어머니…

내가 어쩌다 잠결에 눈을 뜨면 밤중에 농속을 정리하는 어머니를 가끔 볼 수 있었다. 벽과 천장에 호롱불에 비친 어두운 그림자를 크게 드리우고, 농 앞에 홀로앉아 있는 어머니의 쓸쓸한 뒷모습은 모른 채 돌아눕는 나마저 서러움에 젖게 했다. 막내딸마저 시집을 보내고 휑뎅그렁하게 비워 진 어머니의 농속엔, 허름한 당신의 옷가지와, 칠거지악(七去之惡)을 범한 여인이 안으로만 삭여야 하는 뼈저린 외로움과, 질곡(桎梏)의 세월을 살아온 한(恨)만이 켜켜이 쌓여 있었으리라. 볼을 타고 흘러내리는 눈물이 뜨거운 강물이 되어 가슴속으로 흐른다. 나란히 걸려 있는 아들과 며느리의 옷들을 두 손으로 고이 쓸어 본다.

"딩동" 초인종 소리가 들린다. 귀여운 작은손자가 학교에서 돌아 왔나보다.

어 머 니

신 현 애

어머니! 당신이 가신 지 어언 강산이 세 번 반이나 변하였습니다. 어머니 없이는 하루도 못 살 것 같더니 저는 오늘도 이렇게 일상을 잘 보내고 있습니다. 그러나 언제나 오월이 오면 당신에 대한 그리움이 엊그제인 양 새록새록 떠오릅니다.

군인 간 아들이 오면 주겠다고 봄에는 진달래꽃, 가랑잎이 우수수 떨어질 때면 자주색 바위의 산등성이를 넘어 우거진 숲을 헤치며 한 알 한 알 따 담으시던 머루와 산초, 아련히 떠오르던 그날도 하늘은 푸르렀지요. 검붉은 머루를 주저리주저리 따 담으시던 당신 곁에서, 산새들 지저귀는 소리, 산바람 소리, 산 갈대 흔들리는 것을 보고 있었어요. 바람에 흩날리는 어머니의 얼굴 모습에는 세상의 어느 것에도 비유할 수 없는 삶의 진실함이 담겨 있었습니다.

어머니, 당신의 함초롬한 고운 자태와는 다르게 어찌 그리도 풀등 같은 세월을 사셔야 했는지요. 불혹을 조금 넘긴 나이에 올망졸망한 육남매와 둥두럿한 배를 안고 남편을 보내야 했던 심정, 혼자 짐을 지고 홀로 부딪혀야 하는 오리무중 광야에서 중심을 잃지 않으려고 애를 쓰셨을 어머니, 어쩌면 자갈 밭 삶을 툭 내쳐 버리고도 싶으셨겠지요. 삭풍이 몰아치는 날, 친정

길모퉁이를 돌며 앙 다문 입술위로 흘러내리던 눈물을 나는 보았습니다. 굽이굽이 강상마다 쌓인 모래처럼 말 못할 서러움이 가득하다는 것을 눈치 채었습니다.

한 밤중에 가파른 고개를 오르며 토해 내는 화차의 쉰 목소리 같은 긴 한숨 소리를 내며 돌아눕던 어머니의 등을 만지며 너무나도 안쓰러워서 밤이 깊도록 많이 울었습니다. 그날, 어머니가 지고 계신 짐의 무게가 무거워 몹시 힘겨워 하고 계시다는 것을 알았습니다. 평소 말이 없으신 어머니의 마음을 조금도 헤아리지 못하고 어린 망아지가 제 뿔로 어미를 들이 받듯이 받고, 치고 사소한 일에도 당신의 가슴을 멍울지게 했었는지. 그렇게 하여도 어머니는 바위같이 강하고 무엇에도 상처받지 않는 줄 알았습니다.

그런데 어머니, 어머니가 혼자되신 나이보다 훨씬 더 걸어온 지금 저의 나이인데도 봄이 오면 상큼한 꽃향기가 새롭게 느껴지고 계절이 바뀌어 가을이 되면 스산한 바람소리에도 마음이 시려옵니다. 젊디젊은 날, 동짓달 저녁의 빈 하늘과 같은 허젓함과 외로움, 적요한 밤 절절한 그리움도 있으셨을 것을 이제야 미루어 짐작하여 봅니다. 어머니! '나무 가지는 조용히 있으려 하나 바람이 그치지 아니하고 자식이 부모를 잘 모시려 하나 부모가 기다려 주지 않느니(樹欲靜而風不止 子欲養而親不待)'라는 성현의 말씀이 오늘 저의 가슴을 때리고, 또 때립니다.

왜? 진작 고달프고 신산했던 어머니의 마음을 위로 해드리지 못했을까. 하는 뒤늦은 후회가 미어져 올라옵니다. 기둥처럼 의지하고 정성을 다한 장남의 혼인날을 받아 놓고 기쁘기만 한 표정이 아닌 모습으로 휘영청 밝은 달밤에 대문 밖에서의 서성거림이 깊은 상실감이셨을 것이라는 걸 그때는 몰랐습니다.

그날 "전보요." 〈모친 사망〉 평소와 달리 서둘러 전해 주고 가는 우편집배원을 물끄러미 쳐다보다 다시 읽어본 후에야 넋을 놓았었습니다. 그때 섬뜩 머리를 스치는 생각. 가스중독? 그랬다. 어머니는 구정을 여남은 날 앞두고 오늘 내일 하는 언니의 해산을 도우려 기다리고 계시던 중이었지요. 며칠 전 방에서 가스냄새가 난다고 하였지만 얼마 있지 않아 큰 아들네와 살림을 합치기로 되어 있어서 대충 짐정리가 끝난 상태였기에 방바닥을 뒤집어 의심나는 곳을 찾아 종이에 풀칠하여 바르고 지나던 날이 이렇게 화근이 될 줄이야.

어머니, 언제나 하루 일과를 아침, 저녁으로 나누고, 잠시 외출에도 단장 하시며 매사에 준비성이 무척 강하시더니 어찌 먼 길 아무런 준비 없이 한 많은 이 세상 끝자락을 거침없이 던지시고, 이웃집 마실 가시 듯 홀연히 떠나셔야 했는지요? 대학입시를 앞둔 유복자 남겨 두고 가시는 발걸음이 홀홀하시던가요?

당신의 영혼도 에움길 돌아온 세월이 얼마나 원통하셨으면 마지막 길, 가슴에 묻힌 맏딸 앞을 지나실 때 종손의 손에서 영정 사진이 떨어지고 아버지의 봉분이 보이는 곳에서는 다시 조카아이가 넘어지는 일이 있었겠습니까? 저는 알았습니다. 어머니의 통한의 떨리는 몸부림이라는 것을. 그러나 어머니, 이제는 모두 다 내려놓으세요. 그 인내했던 한뉘의 세월에 어찌 아쉬움이 없으시겠습니까만, 잠깐 왔다 가는 세상길. 그 누구인들 넓은 바다에서 순풍에 돛단배처럼 순조로운 항해가 있었겠으며 또, 회한 없는 삶이 몇이나 있을까요?

지금쯤 제 옆에 계신다면 어머니의 등을 두 팔로 크게 안아 드릴 수 있고, 모녀지간만이 아닌, 같은 여자로서 따뜻한 위로의 말씀도 해 드릴 수 있을 터인데, 어머니… 대답 없는 허공에 목이 메어 불러봅니다. 어머니, 오월은 가고, 다시 오월이 온다 하여도 아직도 저는 어머니께 붉은 카네이션을 달아드리고 싶은 못난 여식의 마음을 당신은 아시는지요.

어머니가 주신 보물 2

안광석

오늘도 컴퓨터 위에 놓인 보물을 하염없이 쳐다본다.

어머니는 어떤 마음으로 이것을 만드셨을까? 돌아가신 아버지 생각이 나서 일까. 6남매 자식들을 생각해서 일까. 어머니가 만들어 놓고 떠나신 두 마리의 새를 보면서 아들은 이제 와서 어머니의 하늘보다 높은 마음을 느껴본다. 한 손아귀에 넣어도 다 차지 않는 조그마한 새들이지만 어머니의 정감어린 체취가 풍기니 나에게는 귀중한 보물이 아닐 수 없다.

어머니는 아버지가 돌아가시고 난 후에는 적적寂寂하셨는지 수동秀洞에 있는 노인 복지회관을 다니셨다. 마침 차가 집 앞에까지 와서 가실 적, 오실 적 편안히 다니셨는데 복지관에서 하루의 생활이 즐거우셨는지 하루도 빠지지 않고 나가셨다.

이야기 듣기에 그곳에서는 붓글씨도 쓰고, 공예도하고, 노래도 배우고, 그림도 그리는 등 여러 노인들과 함께 즐겁게 보내신다고 하셨다.

나는 당시 직장관계로 주말에만 본가에 들리는 처지였는데 한 번은 2층 어머니 방에 들어서니 방마다 바닥에 흙(지점토), 붓, 물감, 종이들과 완성된 공예품들이 널려져 있었다. 어머니는 물감을 묻힌 붓으로 흙으로 만든 새에 흰점, 빨간 점을 찍고 계셨다. 얼핏 보기에도 아주 잘 만들어져 보였으며 어머니는 섬세하신 성품이라 이런 것에도 소질이 계신가 보다 생각하고서 아무 말 없이 피식 웃고만 나온 기억이 난다. 화분과 꽃병은 복지관에 갖다 주고 공예품인 여러 마리 새들만 어머니 방 탁자 위에 오랫동안 놓여 있었는데 가끔씩 새들을 볼 때면 너무나 예뻐서 앙증스럽기까지 했다.

이제 부모님이 다 돌아가시고 난 빈방은 왜 그리 썰렁하고 허전함이 몰려오는지 가슴마저 저려 오는 느낌이다. 부모님 유품을 고스란히 남겨놓은 방을 자주 들어가서 체취를 느껴야 함에도 그렇지 못한 큰아들은 죄인이 아닐 수 없다.

간혹 제사 때나 명절에 동생네 식구들이 올 때면 기거하는 방이 되었는데 여러 마리 새들은 어린 조카들과 손자 놈의 장난감이 되어서 없어지고 남은 이 두 마리의 새를 이젠 내 컴퓨터 위에다 놓고 보니 귀중한 보물이 됨을 느끼게 되었다. 지점토로 만들어 새 모양도 똑같지만, 눈, 부리, 목, 특히 꽁지 부분을 세밀하게 물감을 칠한 섬세함에 6남매 자식들을 생각하며 만드신 것이 아닌가 생각이 들었다. 공예품인 여러 마리의 원앙새들을 예쁘게 만들어 놓으시고 말없이 자식 곁을 떠나신 어머니……

문득문득 어머니 생각이 떠오를 때면 내 컴퓨터 위에 놓인 두 마리의 새를 보면서 어머니가 안가安家집안 종부宗婦로서, 어머니로서의 헌신적인 삶을 사신 생각에 숙연해진다.

어머니!

마냥 불러 보고 싶은 어머니!

"아버지, 어머니가 쓰시던 2층 방에 올라가면 더 생각이 나요.

방에는 생활 하셨던 물건을 그대로 놓아두고 있어요."

추운 겨울 이른 아침에 생전의 어머니의 모습을 떠올리며 이 아들은 어머니가 주고 가신 두 마리의 원앙새를 보물로서 소중히 간직할 것을 다짐하면서 눈시울을 적신다.

어 머 니

안 영 해

아련한 기억을 더듬어 어머니를 회상해 봅니다. 관대하시고, 지혜로우셔서 별로 남을 탓하거나 꾸중을 하시지 않는 어머니가 저는 좋았습니다. 한글은 모르시지만, 우선 당신보다, 남을 배려하시는 분으로, 배고픈 사람들에게 밥을 주시고, 무거운 짐을 이고 계시면, 우선 내려놓으시라고 말씀하시고, 그가 필요한 것으로 도와주셨습니다.

남에게 무엇을 드려도 좋은 것은 상대방에게 주시고 못한 것은 당신의 것으로 하시는 분, 다른 사람에게 서운하게 하면은 절대로 안 되는 것이라고 강조하신 어머니. 거짓이 없고, 성실하고, 온유한 분으로 주위사람으로부터 좋은 인상으로 베푸시는 분이셨습니다. 특히 여름철이면 손에 물마를 새가 없이 부엌에서 헤어나지 못하시고, 생활하시는 것을 제대로 도와 드리지도 못했습니다. 철이 없어도 그래서는 아니 되는데, 돌이켜 보면 부끄럽기 한이 없습니다.

그렇게 부지런하셨던 분이, 어느 날 갑자기 쓰러지셔서 중풍으로 오랫동안 고생을 하시다가 나중에는 거동조차 불편하시어, 몸져누우셔서 일어나지 못하고 돌아가시어, 자주 가 뵙지도 못하고, 하필이면, 그때에 병원에서 애기를 낳아서 불효 중에 불효를 범하게 되었습니다. 임종도 못하고, 장례에도 참석을 못했습니다. 애도 유별나게 낳았다고 친지들에게 한 말씀 들었습니다.

어머니는 제가 어렸을 때 소풍갈 때에 그 바쁜 중에도 봄철이면 계절에 맞추어 분홍색으로 치마저고리를 마련하여 주시고, 건강하게 잘 크라고 20세 넘도록, 꼭 수수팥떡을 만들어주셨지요. 저는 자식들한테 어머니 같이 못해 주었는데, 어머니는 추운 겨울철에 화로 불에 떡가루가 얼어붙은 체를 녹여가며 정성을 다했건만, 너무 불효를 저질러 죄송하기 이를 데가 없습니다. 제가 자식을 낳아서 키워보니 다소나마 어머니께서 얼마나 귀하게 저희를 소중하게 생각하시는지 알았습니다. 이기적이고 욕심이 많아서 상황판단도 못하고 어디를 가나 내 수저 아니면 밥도 안 먹고 울기만 하던 저도 아이들을 키우다보니 철없고 부족한 저를 항상 별로 하는 것도 없는데도 어머니는 잘한다고 칭찬해 주시고, 어루만져 주셨습니다. 혹여 울다가 아버지한테 걱정 들을까 봐 보듬어 주시고 다독여주시며 엄하신 아버지께서도 아시면서도 모른 체 하셨습니다.

자식을 길러보니 부모 마음을 알 듯합니다. 돌아가신 후에도 때때로 어머니는 저를 돌보고 계신 듯합니다. 저희 아이들은 어떻게 키웠는지 모르고 키웠는데, 손주 녀석들은 더 예쁘고 하는 짓들이 묘하게도 귀여워요. 어머니한테만은 자랑까지 하지만 타인한테는 삼가야 하지 않을까 합니다. 어머니는 참빗으로 머리를 단정히 빗으시고, 검소하고도 깨끗한 모습으로 생활을 하시는 분이신데, 제가 어느 여름철에 친정에 들려 잠시 어머니의 모습이 초라해진 것이, 측은한 생각이 들며 눈물이 핑 돌았습니다. 옛날의 단정하셨던 체구는 온데간데없고, 어쩌다 이지경이 되었나 싶었습니다. 그때 남동생은 울산석유화학공단에 가있어서 부득이 떨어져 생활해야 했었지요. 아버지가 어머니와 같이 계시니 오죽했을까 싶습니다. 아버지는 고생이 얼마나 되셨을까, 불편하셨어도 어머니 수발을 다 드셨으니 고생이 이만 저만 아니었을 텐데, 불평 한마디 않으시고, 오히려, 아버지한테 더 죄송하다 하셨습니다. 자식들 다 소용없다고 하실만도 하련만 침묵으로 일관하신 아버지께 감사하면서도 죄송하다고 말씀 드릴수가 없었던 일이 어제인 듯한테…. 민망하고 나 자신이 야속하기만 하였으니….

어머니는 자식들한테도 지극정성으로 혹여 잘못 될까봐 노심초사로 키우셨지요. 다산하셔서 겨우 셋을 늦게야 간신히 붙잡으신 처지로 마음고생이 많으셨지요. 이주하면은 자식한테 좋다고 하여 몇 번의 이사하신 것을 나도 부모님의 말씀을 들어서 알고 있습니다. 어머니 같이는 못해도 주위사람들한테 도움을 주면서 살기로 하겠습니다. 덜 쓰고, 청빈하게 살 것을 어머니의 본을 닮겠습니다. 늙어갈수록 더 부모님의 은덕을 깨닫고 있습니다. 언니는 지금도 저 때문에 공부 못했다고 탓을 하지만 아니라고 부정하지 않고 다 들어주고 있습니다. 어머니는 다 아시죠. 형제간에 무엇을 가리고 따지겠습니까? 항상 죄송하고, 미안한 마음이 잊히지 않아서….

멍 에

엄금순

낳아주시고 길러주신 아버지와 어머니의 사랑을 기념하는 어버이날. 어버이 은혜에 대한 감사함을 어찌 이 하루에 다 표현하고 갚을 수 있을까. 그래도 이 하루만큼은 이 세상 모든 부모님들이 환하게 웃을 수 있는 날이면 좋으련만. '어버이날 세상 등진 노부부의 쓸쓸한 죽음'이란 제목의 기사를 기어이 접하고야 말았다. 지병을 앓던 노부부가 자식들에게 짐이 되기 싫다는 유서를 남기고, 스스로 목숨을 끊었다는 안타까운 소식이다. 자식에게 짐이 된다는 게 도대체 무엇인가? 남겨진 자식이 평생 불효자식으로 짊어지고 살아야 할 가혹한 멍에보다 더한 짐이 있을까. 내 일인 듯 숨이 막혀 온다.

아버지는 보상 한 푼 받지 못한 오토바이 사고로 오랫동안 고생하시다 돌아가셨다. 아버지가 돌아가시자 어머니는 억척스럽게 다니시던 식당일을 힘에 부치신다며 그만 두셨다. 갑자기 모든 의욕을 잃으신 듯했다. 오빠가 모셔 간대도 싫다 하시고, 언니가 같이 살자고 해도 싫다 하셨다. 자식에게 '짐이 되기 싫다'는 이유에서다. "엄마. 엄마 전공이 식당일인데 전공을 썩히면 어떡해. 나 좀 도와 줘. 딸내미 힘들어 죽겠어." 난 애들 키우고 집안 살림하는 게 힘들어 몸이 점점 더 아파진다느니, 도

우미라도 쓰려고 했다느니 하며 엄살을 떨었다. 어머니는 내가 아프다는 말에 못 이기는 척 우리 집으로 오셨다. 난 월급이라며 꼬박꼬박 후한 용돈을 드렸다. “안 받는다.” 뿌리치시면, “엄마 말고 딴 사람 써?” 협박 아닌 협박을 하며 강제로 드렸다. 하지만 어머니도 이미 알고 계셨으리라, 내가 부리는 허세를. 어머니는 그렇게 이 년 동안 우리 집에서 사셨다.

어머니는 당뇨병을 앓고 계셨다. 다니시던 식당 일을 그만 두신 것도 아마 당뇨병이 심해지셔서 그랬던 걸로 짐작했다. 당뇨병 약을 복용하시던 어머니가 어느 날 쓰러지셨다. 입원해 계신 병원으로 달려 온 오빠가 “엄마가 이 지경이 되도록 넌 도대체 뭘 한 거냐?” 원망의 소리로 날카롭게 내 가슴을 찔렀다. 정작 들어야 할 소리들은 잘 못 알아들어 바보 취급을 당하는 내가, 차라리 못 들었으면 더 좋았을 그 말은 왜 하필 들었는지. 어머니는 우리 아파트가 좀 답답하니 강원도 시골집으로 다시 가고 싶다고 하셨다. 텃밭 가꾸며 혼자 맘 편히 살고 싶다고 우기실 때, 내가 안 된다고 더 강하게 우겼어야 했다. 속 좁은 나는 한 걸음 뒤로 발을 빼고, 책임을 오빠한테 넘겼다. 내가 시간을 되돌릴 수만 있다면, 더도 덜도 말고 꼭 그 때쯤으로만 돌아가서 어머니를 다시 모셔 올 텐데……. 결국 어머니는 강원도 시골집으로 퇴원을 하셨다.

퇴원하신 어머니는 집 근처에 밭을 더 사셨다. 고추도 심고, 깻잎, 옥수수, 열무도 심어 가꾸면서 겉으로 보기에 몇 년간은 더 좋아지시는 듯했다. 동네 노인회에서 봄, 가을에 가는 야유회도 꼭 따라가셔서 정말 아파트보단 낫구나 싶어 내심 마음이 놓이기도 했다. 하지만 어머니는 당뇨병이 더 심해지셔서 하루에 한 번 아침마다 인슐린 주사를 맞아야 하셨다. 왼쪽 팔, 왼쪽 엉덩이, 오른쪽 엉덩이, 오른쪽 팔. 시계 방향으로 볼펜 표시를 해 가면서 인슐린 주사를 맞으셨다. 그러면서도 주사만 맞으면 하루가 거뜬하다며 늘 괜찮다고 하셨다. 괜찮다는 어머니 말은 괜찮은 게 아니었다. 동생이 아침부터 어머니가 전화를 안 받는다고 걱정할 때만 해도 근처 밭에 가셨을 거라고 생각했다.

설마 그렇게 허망하게 돌아가셨을 거라고는 짐작조차 하지 못했다. 결국 늘 괜찮다고 걱정 말라고 하시던 어머니는, 저혈당으로 혼수상태에 빠져 돌아가셨다. 좋아하시는 이미자 쇼도 아직 못 보여 드렸는데 어머니는 돌아가셨다. 내가 옆에 있어 응급조치만 취했어도 어머니는 살아 계셨을 텐데. "어머님……, 돌아 가셨어요." 전화기 너머로 나지막이 떨리는 작은 올케 목소리가 몇 해가 지난 지금도 귓가에서 떠나질 않는다.

나와, 오빠를, 언니를, 동생들을, 어머니는 얼마나 애타게 부르면서 돌아가셨을까. 홀로 외로이 돌아가셨을 어머니를 생각하면 멀쩡한 우리 오남매는 죄인이다. 어머니를 사지에 무방비 상태로 내 몬 내가, 더 죄인이다. 세상에 태어나 처음으로 배운 '엄마'라는 기쁨의 단어는 어머니가 돌아가신 후 세상에서 가장 슬픈 단어가 되었다.

첫 아이를 낳아 품에 안고 느끼던 생명의 신비로움이 어머니가 돌아가신 후 생명의 허무함으로 변했다. 나한테 짐이 되기 싫어 어머니는 시골집으로 간다고 우기셨을 것이다. 어머니가 짐이라고 생각했던 그 짐보다 훨씬 더 무거운 죄책감의 멍에를 지고 난 살아간다. 내가 평생 이렇게 힘겹게 살아가게 될 걸 미리 아셨다면 어머니도 그렇게 우기시며 가시진 않으셨으리라.

싱그런 오월, 푸름의 오월이라지만 카네이션을 달아드릴 어머니가 없는 내겐 자꾸 뿌옇게만 보이는 오월이다.

어머니 기저귀

연숙희

해마다 연산홍이 만발할 때쯤이면 돌아가신 어머니 생각에 가슴이 뭉클하다.

앞마당에 어머니가 직접 심고 가꾸시던 연산홍이 이젠 가지가 제법 굵어 튼실하다. 연분홍빛, 진홍빛으로 예쁘게 옷을 입고 있는 모습이 마치 어머니를 기다리기라도하듯 화사하게 웃고 있는 것 같아 지난날 어머니와 함께 했던 시절이 생각난다.

보름달처럼 동그란 색경을 앞에 놓고 긴 머리를 가지런히 빗어 내리신다. 앞가름마를 반듯하게 타서 머리를 어깨 너머로 훌떡 젖히고 손으로 한번 휘어 감아 동여맨 다음 얌전히 은비녀를 찌르신다. 이것이 어머니 몸치장의 첫 순서였다.

옛 아낙네들은 뒷통수가 납작해야 쪽을 찌른 모습이 우아하고 단정해 보인다는 말씀을 하는데 어머니는 그와 반대의 모습을 지니셨다. 그래도 아랑 곳없이 쪽을 찌르셨고, 그 모습은 마치 조선시대 여인네처럼 당당해 보이고 기품이 있어 보이기까지 했다. 여름철엔 하얀 모시 한복에 손수 풀을 먹여 곱게 차려입으시고 가냘픈 몸매로 사뿐사뿐 걸어 가시는 모습은 마치 하얀 학이 걷는 모습과 흡사했다.

나도 모시한복을 입고 싶은 생각이 간절하지만 어머니의 그 고상함을 따라 갈 수가 없을 것 같다. 그렇지만 먼 훗날 내 나이 팔순이 될 무렵쯤 하얀 모시에 에메럴드 빛깔을 살짝 넣어 곱고 은은한 한복을 지어 입고 다닐까 한다.

아담한 키에 몸집이 작고 곱상한 얼굴을 지니신 내 어머니는 성품이 정갈하시고 깔끔한 분이셨다. 앉은 자세는 항상 한쪽 무릎을 세우시고 두손으로 무릎을 깍지끼곤 꼿꼿한 자세로 늘 앉으셨다. 버선은 항상 즐겨 신으셨고 맨발로 다니시는 모습은 거의 본 적이 없으니 양반집 규수를 능가할 정도로 인격과 품위가 올곧고 단정하신 분이었다.

인생의 모든 영광은 들에 핀 풀의 꽃과 같다고 했던가. 며칠 지나면 풀은 시들고 꽃은 떨어지니 젊고 아름다웠던 우리의 인생이 무심한 세월의 흐름속에 나약해짐을 말해주는 글귀가 생각난다. 어느덧 어머니도 병약하고 힘없는 육신이 되셨다. 몸에 기능이 쇠하여 소변이 저절로 나와 속옷이 축축하게 젖어도 그 느낌을 감지할 수 없어 그냥 계신다. 전에 어머니의 향기는 시골 풋내음처럼 풋풋하고 싱그러웠건만, 이젠 그 향기는 전혀 느낄 수가 없으니 안타깝기만 했다.

구순이 넘으신 어머니는 환갑을 맞이한 햇병아리 노인처럼 생각은 젊고 정신은 건강하셨다.

언젠가 교회 목사님께서 심방을 오신다 하기에 먼저 어머니를 예쁘게 단장해 드리고 싶어 이번 만큼은 어머니 의향을 무시하고 내맘대로 옷을 마구 벗겨 드렸다. 그 후 손녀들 앞에서 역정을 내시며 '사람한데 냄새난다 하는 네 에미는 천하에 순고약한 000의 짓이다' 라는 못된 며느리로 여김을 받았다. 손녀들한테 생전 격한 표현 한번 쓰지도 않는 분이 이날은 자존심이 많이 상하셨던 모양이다.

그 후 어머니는 단단히 화가 나서서 며칠째 경로당 출입도 안하셨다. 며느리가 한 짓이 얼마나 괘씸하고 분했던지 침묵(沈默) 시위를 하신 것 같았다. 내마음도 갑갑하고 답답하여 해결책을 찾고자 인근 가깝게 사시는 칠순이 넘은 시누이님께 전화를 걸어 오시게 하였다.

어머니로 인하여 곤란한 일이 생겼을때는 항상 시누이께서 해결사 노릇을 늘 하신 셈이다. 오늘은 어떤 구상을 가지고 오실지 궁금했다. 역시 재치 만발한 시누이의 생각은 특이했다.

"올케 기저귀 있어?" 형님이 묻는다.

"예, 있지요. 뭘 어떻게 하실려고요?"

"엄니가 기저귀를 차라고 해도 말을 안들으시니 먼저 차고 들어가서 엄니! 난 벌써부터 기저귀를 찼는데 엄니는 왜 여태 안하세요, 하고 얼른 하시라고 하지 뭐. 하하하" 웃으시며 형님은 시원스레 묘안을 내놓는 것이다. 어쩜 이토록 재치있는 생각을 하셨는지 난 한참을 까르르 웃었다.

일회용 기저귀를 차고 들어간 딸의 모습을 본 어머니는 "아이고 너는 벌써부터 그런걸 하니?" 하시며 의아해 하신다. "그럼! 난 한참 됐어! 엄니만 안하신거지, 내나이 되면 다하는걸?" 하신다. 나는 두분의 대화를 문밖에서 엿듣고 나오는 웃음을 참았다.

칠십이 넘은 시누이가 하루아침에 오줌싸개가 되어 기저귀를 차고 들어가는 모습이 마치 예닐곱살 계집애로 다시 돌아간 듯하여 귀여운 생각마저 들었다. 그 후 어머니의 고집은 소금에 절인 배추잎처럼 부드러워져 자연스레 기저귀를 차게 되셨다. 어머니 고맙습니다! 인사라도 하고 싶었다. 이젠 억지로 옷을 벗자고 어머니 자존심을 건드리지 않게 되어 마음이 한결 가벼워지는 느낌이들었다.

평소에도 보송보송한 일회용 기저귀를 몇 차례 권해드렸지만, 그럴때마다 단호히 '그런걸 내가 어떻게 하니' 하며 기저귀를 훅 집어 던지시는 모습을 보니 자존심이 몹시 상하셨던가 보다. 난 어머니의 마음을 읽을 수 있었기에 그나마 다행이었다.

한번 찬 기저귀는 마치 찐빵 부풀어 오른 것처럼 통통하게 흠뻑 젖어 더이상 지탱하지 못하겠다는 듯 소리없는 비명을 지르며 스스로 빠져 나간 모양이다. 어머니는 아시는지 모르시는지 그저 편안한 표정으로 다니신다. 뽀얗고 하얀 기저귀가 저 쪽 한구석에 떨어져 있는 모양새가 마치 어머니의 나약한 모습을 보는 것 같아 측은하고 가여운 생각마저 들었다. 나는 누가 볼세라 얼른 기저귀를 주어담으며 씁쓸한 미소를 지었다.

돌아보니 어머니는 막내며느리인 내게 더없이 무한한 사랑을 주셨다. 그 사랑이 너무 크고 깊어 이 보다 더한 어려움이 온다 할지라도 난 어머니를 말없이 수용하고 편안하게 해드리고 싶은 마음뿐이었다.

어머니를 생각하며 이 글을 쓰니 목이 메인다. 아 어머니가 보고싶다! 인자한 미소가 아른거려온다. 어머니를 또 한번 모시고 살고 싶은 생각이 간절하다. 그것은 어머니와 함께한 시간 중에 즐겁고 행복했던 시간이 더 많아서이다.

그리운 이름 어머니

이강흠

나무의 상순(上筍)을 꺾으면 맏자식이 죽는다는 말이 있다. 아마도 나무의 상순을 꺾으면 재목감으로 쓸 수 있는 나무로 자랄 수 없기 때문이 아닐까 싶다. 그러나 그 말을 굳게 믿었던 어머니로서는 억울함을 참을 수가 없으셨나 보다.

회혼례(回婚禮)는 부부가 혼인하여 함께 맞이하는 예순 돌을 기념하는 잔치를 말한다. 그러나 자식을 잃거나 나쁜 일이 있었으면 하지 않는다고 하니, 회혼례는 그 만큼 부부간의 영광이요. 가정의 큰 축복인 일이다. 우리 형제들은 부모님 회혼례를 잘해드리고 싶었다. 할아버지는 40대에, 할머니도 회갑도 못 사시고 돌아가셨을 뿐만 아니라 선대에 장수하신 분도 없었기에 부모님의 회혼은 큰 기쁨이었다.

회혼례 준비를 한다는 소문이 동네에 퍼졌다. 소문을 듣고 옆집 할머니가 찾아오셨다. 그 할머니는 아는 소리를 곧 잘하시는 할머니셨다. 그분 말씀은 경삿날은 조용히 넘겨야지 지나치면 옥황상제의 괘씸죄를 받는다며 극구 말리셨다. 어머니께서도 겁을 먹고 하지 말자고 하셨다. 하지만 자식 된 도리로 그냥 넘어 갈 수도 없는 일이 아닌가. 우리는 일가친척, 친구 분들 그리고 동네 어른들을 모시고 부모님을 기쁘게 해 드렸다.

모두 그간의 잔치준비에 힘들기도 했지만, 우연의 일치일까? 잔칫날 밤 큰형님이 고열로 병원에 입원하셨다. 병명은 불명열이었다. 원인을 알 수 없는 열이 있다는 것이었다. 청주 L병원을 거쳐 서울 S병원으로 입원하였다. 열나는 것만 잡으면 그날로 퇴원이라고 했지만, 형님은 한 달 만에 끝내 돌아가시고 말았다. 잔치 보름 전부터 몸이 좋지 않았다니 무리하게 병을 키우셨던 모양이었다.

형님이 돌아가시고 나니 가정에 좋을 일이 아무것도 없었다. 아이들 재롱에 웃음꽃을 피우다가도 어머니 눈치를 보게 되고 웃을 일도 자제하게 되었다. "저놈들은 형이 없는데도 저렇게 좋을까?" 라고 어머니께서 책망하실 것만 같았다.

어느 날 어머니가 뭔가 곰곰이 생각하시더니 갑자기 대성통곡을 하셨다. 옛날에 봄나물 캐러 산을 오래 타다 보면 목도 마르고 시장기가 있고 하면 송기를 많이 해 먹었단다. 송기는 소나무의 속껍질을 말한다. 애솔의 상순은 물이 많고 단맛이 나고, 곁가지는 물은 적으며 떫은맛이 많이 난다고 한다. 다른 사람들이 애솔의 상순을 꺾어 먹어도 어머니는 곁가지만 먹어 보았지 상순 가지는 단 한 번도 먹지 않으셨단다. 나무의 상순을 꺾으면 맏자식이 죽는다는 말이 있었기에 종부로 맏자식(장손)이 죽는다는 행위를 감히 할 수 없으셨던 것이다. 그렇게 조심하며 아끼고 받들던 맏자식인데 어머니 앞에서 가니 너무도 원통하셨던 것이다.

"나는 상순에 송기도 해먹지 않고 나쁜 일도 한 게 없는데 왜 맏자식이 죽느냐." 라고 통곡하였다. "어머니! 형님 돌아가신 거 어머니 잘못 하나도 없으셔요." 우리는 어머니를 달래며 엉엉 같이 울뿐, 다른 방법이 없었다.

어머니가 걱정되어 전보다 집에 자주가게 되었다. 어머니는 살아 있는 나에겐 관심이 없으셨다. 오직 밤이고 낮이고 늘 형님만 찾으셨다. 한밤중에 벌떡 일어나시더니 형님을 부르시며 문을 박차고 나가시는 것이었다. 노인의 기력으로 어디서 그렇게 센 힘이 나시는지 몇 명이 잡아도 당할 수가 없었다. 어머니의 병환은 점점 깊어져 마침내 같이 사는 며느리도 몰라보셨다. 이 세상 본정신으로 살수 없는 애통함에 모든 기억을 잊고 싶으셔서 치매를 택하신 게 아닌가 싶다.

어머니는 팔방미인이셨다. 관혼상제(冠婚喪祭)에 관한 예의범절(禮儀凡節)이나 평복은 물론 두루마기 도포와 수의 등 못하시는 바느질이 없으셨으며, 요리 또한 아주 잘 하셨다. 농촌 살림이지만 정갈하게 해놓고 사셨던 분, 하지만 돌아가실 땐 신의 사랑 자식들에게 못이 될까 오랜 세월 치매로 정 떼시고 가셨다, 죽음 앞에 오는 고통에도 생명줄 쥐고 놓지 않으시더니 추운겨울을 피해 따뜻한 봄날 먼 길로 떠나셨다. 어머니는 추하고 험한 고통이라도 자식들 위해 모든 걸 자청 하시며 사셨다.

한 달에 몇 번은 친구들과 모임을 같이한다. 그간의 친구들 근황, 정치, 사회 등 많은 이야길 나눈다. 때로는 지나친 논쟁에 큰소리가 오가기도 한다. 자식자랑 출세 이야기 저마다 기죽지 않으려고 큰소리 들이다. 그러나 술이 더 취하면 마음이 맞는 친구와 자리를 옮겨 2차로 술을 더 마시게 된다. 이때부터는 아내에 대한 서운함 가족에 대한 미안함 등 슬픈 이야기로 시작이 된다. 그러나 최종 일어날 때 쯤 눈 물속 이야기는 어머니에 대한 그리움이다. 어머니 대한 고마움, 죄송함, 모든 어머니는 평생 자식을 지켜주는 버팀목이셨다.

어머니 돌아가신지 10년이 넘었으나 나는 어머니를 보내드리지 못하고 있다. 어머니는 뻐꾹새 울음소리 따라오시기도 하고, 개구리울음 따라 오시기도 한다. 내가 살아 있는 한 어머니는 늘 내 곁에 계실 것 같다.

울지 말고 늘 웃어라. 예쁘고 기특하다 하시며 엉덩이를 툭툭 쳐주실 것만 같다. 나는 회혼례 하지 말라는 어머니 말씀 어긴 불효 죄를 지은 자식인데…….

청솔가지 나뭇짐만 보아도 고생하시던 어머니가 생각난다
나뭇짐 속의 진달래가 피멍이 되어 다가오듯 가슴이 저려온다

고향집에서의 하루

이 두 희

모처럼 고향집에 내려와 맞이하는 아침은 신선한 공기와 소란스럽지 않은 분위기가 오히려 일찍 눈을 뜨게 만든다. 혼자 계신 어머님은 곤히 잠든 나의 잠을 깨우지 않으시려고 아마 어둠이 채 물러가기도 전부터 조용조용 밥을 지으신 모양이다. 팔십을 넘기신 연세에도 자식의 밥 한 끼를 해 먹인다는 것이 어머님의 오랜 의무감 때문인지 아니면 작은 기쁨인지는 모르겠지만 바특하게 끓인 된장찌개와 상큼한 미나리, 김치만으로도 아침밥을 고봉으로 먹게 하셨다.

어제 밤에는 일찌감치 저녁을 먹고 창밖에 종일 쏟아지는 빗소리를 들으며 어머님과 많은 이야기를 나누었다. 어머님은 지금껏 살아오신 생의 회한을 최근 집안에 있었던 몇 가지 일들과 연관시켜 확대시켜 해석하고 계시는 것 같았다. 삶의 정리단계에 와 있다고 생각하시는 어머님께서는 집안의 아주 사소한, 그리고 별로 연계성이 없어 보이는 작은 일들까지도 모두 어머님의 운명적 인과관계로 연결시키시는 것이었다.

삼년 전에 돌아가신 칠남매의 장남이셨던 남편과 육남매 자식들, 그리고 주변 일가친척들에게 당신이 해야 할 바는 다했다고 말씀하시면서도, 아직도 자식들 일이 애처롭고 걱정이 되어 마음이 불편하다고 털어 놓으셨다. 특히 최근에 장남이 회사부도로 인해 그나마 지니고 있던 아파트마저 훌쩍 날려 버리고 도시 변두리 작은 전셋집으로 이사하는 모습이 안타깝고, 도와주지 못해 미안하시 단다. 더구나 장남인데도 노후를 책임져 줄 든든한 아들 하나 두지 못하고 딸 둘만 있는 것이 당신의 박복함에서 비롯한 것으로 자책하고 계셨다.

언젠가 내가 근무하는 부대 관사에 우리가족의 사는 모습을 보시기 위해 오셨을 때였다. 비행기 소리를 듣고 아파트 옥상에 올라가 전투기가 뜨고 내리는 것을 보시고 부모님은 그만 눈물을 흘리셨다고 한다. 넉넉하지 못한 집안 살림 때문에 사관학교로 간 것도, 저렇게 어렵고 위험한 비행을 해야 하는 모습도 부모님의 눈에는 자랑스러움보다 애처로움이 앞서는 모양이었다.

열악한 군인 아파트를 보시고 번듯한 가구하나 챙겨주지 못하는 것이 너무 가슴 저리고 안타까우셨단다. 내가 결혼 했을 때는 작은 형과 누나의 연이은 결혼으로 결혼자금 일체를 내가 조금씩 모은 돈과 대출한 돈으로 충당하게 되었다. 어머님께서는 그것이 못내 가슴이 아프셨던지 신혼 초 어느 날 여동생을 통해 쌀 한 말, 작은 양은솥과 반상기 그리고 수저 두 벌을 보따리에 싸서 보내셨다. 나는 어머니의 따뜻한 마음을 받아 들고 집사람 몰래 소리 없이 울었다. 그 물건은 부모님께서 나에게 새살림을 내어주시는 상징적인 물건들이었다. 부모의 마음은 늘 이렇게 자식들에게 안타깝고 미안한 마음을 가지게 되는 것일까? 모두 다 그렇게 살고 있는데도 부모의 눈으로 보면 애처롭게만 느껴지는 가보다. 그렇다면 나는 아직도 우리 아이들에게 제대로 된 부모의 마음을 갖지 못하고 있는 것 같다. 서른이 다되어 가는 우리 아이들은 아직도 마냥 못 미덥고 답답하기만 한데…

아침을 먹은 후 처음으로 어머님이 잘못 생각하고 계시다는 것을 하나씩 따져가며 말씀드렸다. 우리 육남매는 모두 고만고만하게 살고 있지만 여태 누구하나 부모보다 앞서가거나 큰 병으로 누워있는 사람이 없었습니다. 손자들도 착하고 건강하게 자라 부모 속 썩히는 놈이 없습니다. 큰 재산은 없어도 형제간 서로 도울 줄 알며, 부부간 티격태격하는 자식이 없습니다. 사회적으로 크게 성공하지는 못해도 모두 배울 만큼 배웠고, 어렵기는 하지만 나름대로 행복하게 살고 있으니, 이 모두 부모님이 정직하고 열심히 살아오신 덕입니다. 그러니 이제 걱정하는 마음을 내려놓으시라고 간곡히 말씀드렸다. 어머님은 다시 눈물을 글썽이시며 그렇게 생각해 주어서 고맙다고 하셨지만 우리 자식들은 그 마음을 얼마나 헤아릴 수 있을지 모르겠다.

나는 신혼 초 어머님께서 흰 보따리에 싸서 보내주신 몇 가지 살림도구의 의미를 결코 잊을 수가 없다. 부모님의 정성과 눈물이 배어 있는 물건이었기 때문에 그 어떤 고급아파트나 금덩이보다 더 값진 재산으로 받아들여졌다. 만약 가방 가득 돈을 보내셨다면 그 진한 눈물도, 부모님의 사랑도, 인생의 참 의미도 알지 못하게 되었을지 모른다. 싸구려 양은솥을 고급아파트보다 더 가치 있게 만들 수 있는 것도 부모님의 크나큰 사랑의 힘이었기에 그 수저로 밥을 먹으며 부모님이 베푸신 사랑을 떠올린다.

구절초 꽃

이 미 화

집으로 오는 길, 시월 끝자락의 밤이었다. 찬 공기를 몰고 오는 바람이 떨어진 낙엽을 휩쓸고 지나간다. 첫눈이라도 오려는지 차가운 공기가 가슴시리다.

을씨년스럽게 높게 쳐진 묵은 담벼락은 나를 더 움츠러들게 하였고, 썰렁한 집에서 기다리고 있을 아이들 생각에 잰 걸음으로 종종 마음이 앞섰다.

갑자기 불어온 폭풍을 피하듯 이곳에 거처를 정하여 아이들 삼남매와 당장 필요한 살림만 챙겨 지낸 지 두어 달, 아이들이 어찌 다 이해 할 수 있을까. 마음이 한없이 무겁다. 집으로 들어서는 문을 열자니 길을 쓸고 온 바람이 먼저 앞선다.

나를 반겨야 할 아이들이 이불을 두른 채 굳은 표정이 되어 있어 심상치를 않았다. 순간, 두려움이 엄습해 왔다. 얼마 전, 남편이 대표를 맞고 있던 사업체에 부도를 막지 못하고, 가차 없이 내가 하던 사업에까지 태풍이 몰아닥쳤다. 맨손으로 일궈낸 것들이 아니었던가. 휩쓸려 떠내려가는 것을 보면서 한 가닥도 잡을 수 없었던 것을 어떻게 글로 표현 할 수 있을까? 살던 집과 사업장을 정리하여 내어 주고, 옮길 수 없는 큰 세간들은 밤새 불에 소각시켜 버렸다. 그리고 마련한 이곳, 대여섯 평 남짓한 쓰지 않던 허름한 건물에 거처를 정하여 지내고 있었다. 아빠와 생이별을 하고 연이어 변화되는 환경에 아이들은 피할 곳을 찾는 사슴처럼 가엾기만 했다.

아이들에게 무슨 일이냐고 묻기도 전에 가슴이 무너져 내렸다. 차마 말을 꺼내지 못하던 딸이 "엄마 아~ 외할머니가 위독하시다고 연락이 왔어요." 아무리 달리려 해도 발걸음이 떨어지지 않는 꿈속만 같았다. 운전을 하고 있지만 차가 제 자리인 것만 같았다. 옆에서 내가 겪고 있던 모든 정황을 가슴을 쓸어내리시며 뒤돌아서 눈물짓게 했는데 어쩌란 말인가. '어머니 안 돼요, 이렇게 불효자식이 될 수는 없어요.괜찮다고 나는 어떻게든 살아 낼 거라고 어머니에게 약하지 않은 내 모습을 보여드려야 하는데, '어머니 제발 안돼요. 살아만 계셔야 해요.' 어떤 기도가 그렇게 간절할까.

친정집 골목에 들어서자니 또 한 번 가슴이 무너져 내려야만 했다. 안팎으로 환하게 불이 켜져 있었다. 나는 그 자리에서 그냥 땅으로 꺼져버리고 싶을 뿐, 몸이 말을 듣지 않고 움직일 수가 없었다.

야속하고 야속한 하늘이 원망스러웠다. 한 가닥 간절한 줄마저 끊어져 버린 절망이었다. '안돼요. 왜 나에게 이렇게 혹독한 벌을 내리시는 겁니까. 어머니, 미안해서 어떡해, 한번만이라도 눈을 뜨고 나 좀 바라봐줘요.' 싸늘한 손은 아직도 부드럽기만 했다. 죄송하다고, 싸늘해진 가슴에 외쳐 본들 긴 고통을 감내하셨을 표정은 모든 것을 내려놓은 듯 편안한 모습이었다. 투박하고 거친 손은 삶의 무게를 내리고, 내 절규도 부질없는 공허함뿐이다.

어찌하여 새벽부터 일어나 식구들 아침을 다 챙겨 내 보내고 대문 밖으로 나오셔서 길에서 쓰러져 남의 눈에 띄어 마지막을 보내셨단 말인가

이 못난 자식이 감내하고 있을 고초를 함께 하셨던 어머니!!

살길을 찾아 사방팔방으로 헤매느라 제 정신이 아니었었다. 전화도 끊기고, 전기도 끊기고, 독촉장은 쌓여만 가고, 질식을 할 지경이니 언제나 하늘은 먹구름이고 일몰의 시각에 길을 헤매는 철새가 그러 했을까. 캄캄한 밤이면 불기 없는 방에서 한 덩어리가 되어 이 밤이 지나면 실낱같은 희망이라도 와 주기를 절규와 같은 기도를 하였다. 그걸 모를 리 없는 어머니는 잠을 편히 주무실 수 없어 뜬눈으로 새벽을 맞으셨겠지.

오늘 아침까지만 해도, 추위가 왜 이렇게 빨리 오는지 원망하시며 곧 겨울이 닥치는데…. 한숨을 오르내리 쉬셨다고 했다. 호흡기를 끼고 세 시간여, 그 호흡은 나를 기다리는 시간 이었으리.

어려서부터 유난히 잔병치레를 하여 온갖 약을 달고 살았다. 해마다 어머니는 구절초가 있는 산으로 가셨다. 하얀 서리 내린 날 구절초는 향기를 더 진하게 뿜어내고, 다복하게 무더기를 지어있는 구절초 사이에서 꽃대가 올라온다. 서리를 맞으며 피워내는 꽃은 끈질긴 야생의 아름다움이었다.

오가리 강 절벽의 구절초를 어머니는 누구에게 양보하지 않으셨다. 구월 구일 강가에서 자란 구절초는 신비한 효험이 있다는 걸 믿으시는 거다. 몇 날을 거르지 않고 새벽에 나가시면 어둑해서야 구절초를 이불보따리처럼 싼 짐에 힘이 부쳐 들어오신다. 이십리 길은 족히 되는데 걸어서 오신 거다.

그 구절초를 사흘 밤낮을 삶고 수수밥에 삭히고 곱는 일은 잠을 설치며 한시도 눈을 뗄 수가 없는 일이다. 그렇게 고아낸 조청은 작은 꿀 항아리 하나를 넘지 못한다. 깊은 쓴맛과 조청의 단맛의 혼합된 진한 맛은 어린아이였던 내가 먹기에는 쉽지가 않았다. 실랑이를 해서라도 먹이시려는 어머니 마음을 그때는 알 리가 있었으랴.

어머니가 쓰시던 방안에 알싸한 향내로 가득하다. 하얀 홑이불 위로 마치 구절초 향이 덮이는 것만 같다. 통곡으로 밤을 새웠다. 시간은 어김없이 흐르고 있다는 것이 그렇게 야속할까. 어머니가 갑자기 가시게 된 것이 전적으로 내 탓만 같아서 탄식은 깊어만 지고 이제는 영영 볼 수 없다는 사실이 무섭고 두렵기만 했다.

애들 아빠와 생이별을 하고, 삶에 진통이 최고조에 있었던 당시, 마음이라도 부빌 곳은 어머니밖에 없었다. 철없는 아이처럼 고통을 감추지 못하고 괴로움을 내색하여 못을 박는 괴로움을 드리고 말았으니, 후회한들 무슨 소용이란 말인가.

처마 밑에 엮어 매달아 놓은 구절초는 아직 물기를 다 거두지 않은 채 어머니를 떠나보내야 하다니. 매듭매듭 엮었을 어머니 손길이 살아있었다. 진한 구절초 향에서 무너진 딸의 가슴을 아시는 어머니가 조용히 이르는 것만 같았다. "보란 듯이 일어서 살아야한다."고.

올해도 가로수 잎들이 쏟아져 부스스 바람이 몰아갈 무렵, 허허로운 들판을 지나쳐 오가리 강을 낀 산자락에 다다랐다. 어김없이 어머니가 사셨던 그 해처럼 구절초 꽃은 피어있다. 어머니를 닮아 가고 있는 나를 알아볼까? 더러는 내 가슴처럼 연보랏빛 멍이든 구절초 꽃이 있었다. 한 아름의 구절초 꽃다발을 만들어 산소 앞에 바친다. '어머니, 좌초되었던 것만 같았던 배가 세상이라는 바다를 잘 헤쳐 나왔습니다.', '어머니를 사랑하는 마음으로 살아온 세월입니다.' 구월 구일 구절초를 상징하는 날, 어머니의 제삿날이었다.

이별이란 얼어버린 강에서 새벽달을 보는 것처럼 차가운 슬픔이겠지만 길고 긴 고단한 터널은 삶에 순환임을 깨닫는다. 깊게 파여진 상처도 세월이 가면서 아픔이 무디어 지고, 삶을 사랑할 수 있게 마음이 돌아서고 있다. 가시고 안 계셔도 변하지 않는 어머니의 구절초 사랑처럼….

어머님 전상서

이 석 범

어머니!

낳아 주시고 길러주신 것 감사합니다. 아직 한 번도 해보지 못했던 말! 하지 못하면 오래지 않아 후회할지도 모르는 말! "어머니, 사랑합니다!" 여든여섯 적지 않은 연세에도 정신은 저희보다도 또렷하시고 늙어서 뼈만 남은 몸이지만 비교적 정정하시니 그 또한 감사드립니다.

먹고 살기 힘든 시절에 팔 남매나 되는 자식을 낳아서 키우실 때는 먹이랴 가르치랴 많이 힘드셨지만, 이제는 모두 복스러운 강아지 같이 장성하여 잘 살고 있으니 흐뭇하고 남부럽지 않으시지요?

어머니! 자식들 중에 외형은 모르겠으나 성격으로는 어머니를 제일 많이 닮은 자식이 저라는 생각을 합니다. 자식이라면 누구든지 아버지도 닮고 어머니도 닮겠지만, 유독 어머니를 제일 많이 닮은 자식이 저 일 거란 생각 말이에요. 가슴 울렁증까지 닮았으니.

요즘 공익광고 중에 매우 공감이 가는 것이 있어요. '부장 김기준은 자상하지만, 남편 김기준은……', '당신은 안과 밖이 다른 사람인가요?', '밖에서 보여주는 당신의 모습, 집안에서 보여주세요.' 라는 광고 말입니다.

어머니께서는 지금도 고우시지만, 억척스런 시골 농부셨던 그 옛적에도, 밖에서는 고운 자태와 교양 있는 언행으로 양갓집 맏며느리 같으셨어요. 남들에게 조금도 누를 끼치지 않는 성격이셨지만, 저희들에게는 엄하셨던 것 아시지요? 그런 어머니를 닮아서 제가 딱 그 광고에서 말하는 그런 사람이거든요. '밖에서는 부드러운 상사지만, 집안에서는 퉁명스럽고 독설을 퍼붓는 남편이고 아버지' 인 것 같습니다.

그것은 아마도 제 어린 시절의 생활이 어려웠던 탓이었을 거예요. 농사터는 고작 산전 몇 마지기와 논 다섯 마지기가 전부였잖아요! 그걸 가지고 시조부모 모시고 자식들 하나하나 낳아 먹이고 입히고, 그 시절에도 초등교육을 받으신 두 분이시라 아들들 가르치시는 열정까지 있으셨으니 형편이 오죽했겠어요?

형은 맏아들이라고 일찍부터 타지로 유학 보내시고, 두 누나는 돈이 없어 중학교 진학을 못하니 일찍 돈 벌겠다고 서울로 공장에 가 버렸는데, 저는 고등학교 졸업할 때까지 어머니 아버지 슬하에 살게 되어 자식들 중에서 제일 어머니를 잘 알고 그래서 더 많이 닮을 수밖에 없었던 것 같습니다. 제가 고등학교를 공주나 홍성으로 보내 달라고 울었던 기억, 형 학비가 모자라 이집 저집 융통하러 전전하시던 어머니 모습, 누나 결혼

때문에 걱정하고 속상해 하시던 모습, 형이나 누나가 돈 빌려 달랄 때마다 서로 되느니 안 되느니 안 하시던 부부싸움까지 하시던 기억까지. 제가 모를 거라 생각하실지 모르지만 저는 사춘기를 겪으면서 다 보고 듣고 자랐어요. 그렇기에 어쩌면 저는 착할 수밖에 없었고 착하지 않으면 안 되었을 거예요. 그때 저는 혼자 그런 다짐을 했어요. 난 무슨 일이 있어도 부모님께 손 벌리면서 살지 않을 것이라고. 저 그거 지킨 거 아시죠?

그 시절에는 어찌 그리 가난 했던지! 쌀밥은 추수하고 지붕에 이엉 올리던 날에나 먹은 기억이 나요. 여름에는 감자 밥, 겨울에는 고구마 밥을 질리도록 많이도 먹었어요. 그 중에서 제일 싫은 건 무 밥 이었어요. 지린 맛이 어린 저에게는 싫었던 것 같아요. 그때는 끼니 거르지 않고 삼시세끼 챙겨 먹으면 다행이었는데, 지금은 도시 사람들 입맛 없을 때 별식으로 먹게 되었으니, 참 격세지감이지요. 하지만 저는 옛날 기억인지 얼마 전까지도 보리밥과 감자를 싫어했었어요.

어머니는 산전에서 얻은 곡식, 얼마 되지도 않은 양이었을 텐데, 그 무거운 걸 한 자루 머리에 이고 이십 리나 되는 웅천장에 가셨지요. 아무것도 모르는 나는 장에 간다고 좋아서 따라 나섰던 기억이 납니다. 그렇게 해서 몇 푼이나 손에 쥐시면 그것으로 저희 육성회비로 주셨을 텐데, 저는 아무것도 모르고 다녔어요.

제가 초등학교 1학년 때쯤인가요? 이가 아파서 거의 죽기 일보직전이었어요. 어머니는 저를 업고 산을 두 개나 넘어서 주산역 근처에 어떤 집에 찾아 가셨고 의자에 저를 눕히셨고, 그 집 아저씨가 입 벌리라더니 무슨 기구를 입으로 가져오는데, 그만 제가 기절했잖아요. 그러니까 그게 지금으로 말하면, 무허가 돌팔이 치과에 가서 치료의자에 앉아서 들이대는 기구를 보고 기절한 거였지요. 그러니 돌팔이 의사 아저씨가 얼마나 놀랐겠어요. 길길이 화내는 돌팔이에게 어머니는 연신 죄송하다고 하시며 죽어 자빠진 저를 업고 돌아 오셨던 거 기억나세요?

어머니! 옛날 얘기 재미있지요? 이왕에 조금 더 해볼까요?

막내는 애기였을 때 오줌을 얼마나 싸던지, 녀석이 싼 오줌을 자꾸 닦다 보면, 방바닥이 구멍이 생기고 그것이 자꾸 커졌었어요. 구들장 위를 흙으로 덮고 그 위를 시멘트 포대로 장판을 발랐으니, 지금으로는 상상이 안 가는 이야기네요. 그래도 황토방인가요?

한 번은 셋째가 아파서 병원인지 어딜 멀리 갔다가 아버지가 업고 오시는데, 축 늘어진 모습을 보고 죽은 줄 알고 놀랐던 기억도 나요. 그러고 보니, 고생은 많이 하셨지만, 자식들 낳아서 하나도 잃지 않으시고 어머니는 복 받으신 거예요.

비 오는 날 아버지 마중 간다고 우산 들고 조금씩 가다 보니, 아주 멀리가게 되었어요. 땅거미 질 무렵인데도 아버지를 만나면 올 때는 같이 오면 된다는 생각이었을 테지요? 그런데 아버지 비슷한 사람이 자전거 타고 휙 지나갔는데, 우산을 썼단 말이에요. 그런데 그분이 아버지였던 거지요. 어린 마음에 내가 우산을 가지고 마중 가는데 아버지가 우산을 썼을 리 없다는 거였나 봐요. 집에 아버지께서는 오셨는데, 꼬마가 안 오니 많이 놀라셨을 거예요? 두 분이 한 걸음에 달려 오시면서 제 이름을 불러대셨어요. 어머니만 놀란 게 아니라, 저는 얼마나 무서웠겠어요. 칠흑같이 어두운 밤에 주룩주룩 비는 내리고 서낭당이 있는 산을 넘어야 하는 저도 얼마나 무서웠는지 몰라요.

초등학교 어린 나이에도 어머니 돕는다고 일도 많이 했어요. 덕택에 동네 어르신들께 칭찬 많이 들었던 기억이 나요. 지게 지고 고구마 감자 캐러 다니고, 염소도 키우고, 똥지게 지는 것 말고는 그래도 안 해 본 것이 없는 영락없는 농부의 아들이였어요.

어머니!

제가 어려서 살던 이런 이야기를 하면, 제 나이 또래는 이해할 수 없다는 듯한 표정이고, 저보다 열 살쯤 더 드신 분들이 공감을 해요. 우리가 그렇게 못 살았나 봐요.

대학 졸업하고, 큰 회사 다니면서 먹고 살만해도, 옛날 생각 때문에 먹고 싶은 것과 입고 싶은 것을 먹고 입을 수가 없었어요. 지금도 많이 자유롭지는 못해요. 그런 저를 두고 아내는 가난이 찌들어 있는 사람한테 시집 잘못 왔다고 했어요. 그러니 제가 어머니를 닮아서 안과 밖이 다른 사람이 아니고 뭐겠어요.

철들어서 효도하려고 보면 부모님은 이미 안 계시다더니, 아버지는 일찍 돌아가셨으니, 효도할 수 있는 건 어머니뿐이네요.

어머니! 이제는 부족한 것 없으시지요! 맛있는 것 많이 사드릴 테니, 그 때 못 드신 것 많이 드시고, 좋은 생각만 많이 하시고, 마음을 넓게 가지시고 항상 웃으면서 사세요. 저도 이제는 그런 어머니를 닮을게요.

하나님 나라에서는 영원히 살 수 있대요. 어머니!

어머니의 나뭇집

이 신 자

학창시절은 누구나 꿈을 키우던 시절이지만 내 학창 시절은 꿈을 그려볼 겨를도 없었던 것 같다. 우리 집은 측백나무 생 울타리가 절과의 경계를 이룬 충주 빙현동 대원사 절 앞에 있는 작은 집이었다.

새벽이면 주지 스님이 항상 작은 우리마당까지 곁들여 절 마당을 쓸어 주셨고 우리 식구를 각별히 많이 보살펴 주셨다. 절에는 자주 행사를 치뤘고 그럴 때마다 먹거리가 넘쳐났기에 가난한 우리에겐 절 앞집이라는 것이 다행이었다.

추억이 서린 대원사절 부근에 꼭 한번 들려 보자고 벼르던 차에 지난달에 언니와 동행하여 고향방문이 이루어졌다. 50여년이 지난 지금 그분들이 계시리라 생각도 안했지만 아련한 향수 같은 그리움에 무작정 찾은 것이다.

사람이 항상 붐비고 넓었던 절 마당은 온데간데없고 높은 콘크리트 담이 사람들과 단절된 듯 냉랭한 기운만이 감돌았다. 물론 그 큰절이 축소되었으니 작은 우리 집은 흔적도 없이 다른 건물이 들어서 있다. 순간 어려울 때마다 우리 식구를 보듬어 주셨던 대원사절 주지스님 내외 모습이 떠오른다. 모두가 낯설게 변해있음에 우리는 회색빛 마음이 된 채 말없이 되돌아왔다.

진달래가 핀 것으로 보아 이맘 때 쯤으로 기억하며 어머니 나뭇짐엔 항상 빨간 진달래 다발이 꽂혀 있었다. 유난히 꽃을 좋아하는 날 위해 아무리 바빠도 나뭇짐에 넣는 것을 잊으신 적이 없으셨던 어머니, 자식사랑이 그리도 컸음에 가슴이 에인다.

여식을 가르치면 뭐하느냐며 반대하는 시부모님 슬하를 떠나 행상서부터 삯바느질 까지 안 해본 일이 없는 어머니는 땔감은 손수 산에 가서 해다 땠고 하루 벌어 하루 살아야하는 어려운 생활이니 그 고생은 이루 말할 수 없었다.

그날도 어머니는 충주 호암동 뒷산에 가서 화력이 세다며 다른 나무보다 무겁고 힘들어도 청솔가지를 베어 등에 짊어지고 오시곤 했다.

학생인 나는 집에 가서 옷을 갈아입고 마중가기엔 이미 어머니는 도착하시겠고 할 수 없이 교복 입은 채로 마중을 갔다.

하교 시간 때라 충주고등학교 학생들 수십 명이 마주 오는 길을 나뭇짐을 받아 등에 진 난 그 곳을 지나치지 않을 수 없었다.

남학생들 다 지날 때까지 어머니는 당신이 지고 간다 하셨지만 작고 약한 체구는 청솔가지에 눌려 왜소해 보였고 마치 나무더미가 걸어오는 듯 애처로워 그럴 수는 없었다.

어느 만큼 지났을 때인가 "야! 저 계집애 기운 엄청 세다." 하는 소리가 무리 지어 가는 남학생 속에서 들려 왔다. 그중 한명이 낄낄대며 큰소리로 놀렸고 눈물이 쏟아질 것 같았지만 나는 눈을 껌벅이며 겨우 참을 때였다.

등짐을 지어 구부린 상태라 상황은 알 수 없었지만 퍽 하는 소리와 함께 "야! 이 ㅇㅇ야, 너도 인간이냐? 누굴 못 놀려 저런 사람을 놀려." 하는 소리가 강하게 내 귀를 스쳤다. 어느 학생이 날 놀린 학생을 때려 코피가 터지고 그 학생이 반항하여 주위는 순식간에 아수라장이 되었다.

겁에 질린 우리 모녀는 다시는 호암동 뒷산 쪽으로 나무를 하러 가지 않았고 어머니는 내가 안쓰러워 며칠 동안을 마음 아파 하셨다.

애써 괜찮다며 어머니를 위로하던 나도 어머니의 가슴에 묻혀 마음속으론 오랫동안 울분을 삼키고 있었다.

청솔가지 나뭇짐만 보아도 고생하시던 어머니가 생각나고 나뭇짐속의 빨간 진달래가 또다시 핏멍되어 다가오는 듯 함에 가슴이 저려온다.

딸이지만 남 아들 부럽지 않게 공부시키려는 일념하나로 일생을 희생하며 보내시고 온갖 고생을 다 겪으신 어머니께 좀 더 잘 해드리지 못함도 후회된다.

가난의 상처가 마음을 할퀴는 일이 없는 하늘나라에서 사랑하셨던 아버지와 함께 영원히 행복하시라고 오래오래 빌어 드리고 싶다.

어머니께는 오직 하나뿐인 아들이
세상을 살아가는 이유 그 자체인 것을…

어머니! 문 좀 열어 줘

이재부

어머니!

얼마나 불러보고 싶었던 호칭인가. 긴 세월 탓일까, 어머니라 불러본 기억이 없다. 그리운 얼굴이 떠오르지 않아 안타깝다. 그러면서도 늘 가슴에 품고 외치던 어머니다. 모정을 지워버린 내 유년의 추억은, 슬프게 나를 키운 아버지 고생만 무더기로 남아있다. 나를 힘들게 키우셨을 아버지 옆에서 "어머니"를 부르며 발버둥 치던 욕구불만의 철부지가 이제 한 생의 끝자락에서, 노인으로 살아간다. 나이가 아무리 들어도 잊혀지지 않는 그리움의 어머니! 영원히 끊어지지 않는 혈맥, 천륜의 탓일까. 말로는 표현 할 수 없는 그 무엇이, 지금도 자꾸 마음을 끌어당긴다. 괴로운 일, 슬픈 일, 위험한 일이 닥칠 때마다 수없이 불러대던 어머니다. 한 번도 문 열어서 "어서 오너라." 반겨주신 기억 없는 어머니다.

어머니 사랑을 듬뿍 받으며 철든 사람들은 무슨 복이 그리도 많은지. 하얀 눈길로 떠나가던 어머니 상여를 붙들고, 통곡하던 누님들이 "울엄마 행상 곱다."며 상여휘장을 만지던 나를 안고 울어서, 나도 같이 울던 생각은 지금도 희미하게 남아있다. 이것이 어머니와의 마지막 이별이란 것을 좀 더 자라서 알았다.

어머니 돌아가시고, 얼마 되지 않아 할머니도 세상을 뜨셨다. 아버지는 술에 의존해 슬픔을 풀어내려 하셨나보다. 술에 취해 혼자 울던 아버지를 수없이 보면서 자랐다. 기어 다니며 자라던 동생이 죽어 산에 묻고 오던 날, 신세 한탄의 땅을 치던 통곡은 어렸을 때 기억인데도 지워지지 않는다.

아버지도 힘드셨지만, 아버지 손에서 자라나는 나도 괴롭고 힘든 기억만 남는다. 어머니 아버지의 사랑과 보호를 듬뿍 받으며 자랐으면 얼마나 좋았을까. 그렇지 못한 보상은 그 무엇으로도 대신할 수가 없다. 어머니 있는 또래들을 부러워하며 기죽어 자란 흔적들이 구석구석 응어리져 있다. 활발히 나서지 못하고 주저, 주저하는 행동은 노력했어도 고쳐지지 않는다.

철모를 때는 내가 아버지를 슬프게 했고, 철들면서 어머니를 그리워하는 아버지 고독이 나를 슬프게 했다. 설이나 추석 명절에 할아버지 산소에 성묘드리고, 마지막으로 내 손을 잡고 어머니 묘소에 가면 내가 절하는 것만 보고 계셨다. 얼 없이 서는 있는 아버지를 붙들고 "아버지 왜 울어" 춥다며 가자고 조르면 "너 먼저 내려가라"며 주춤거리신다. 뒤돌아보고, 또 뒤돌아보며 따라 오시던 아버지는 내가 좀 자라서부터는 동행해 주시지 않으셨다.

6·25 전쟁이 휴전으로 끝나고, 그렇게나 기다리던 형님의 소식은 행방불명의 전사통지로 받았다. 아버지 상심은 말로 형용할 수가 없었으리라. 어렵게 중학생이 된 내가 휴일이라고 집에 돌아오니, 집이 비어 있다. 형수님은 친정으로 가셨다는데, 아버지도 안 계셨다. 10리밖에 있는 술집까지 다 뒤져도 아버

지를 찾지 못했다. 스치는 생각이 있어 무서움을 무릅쓰고 어두운 밤길에 더듬더듬 어머니 산소에 찾아갔다. 흰 두루마기를 입으신 아버지는 술이 잔뜩 취하셔서 어머니 묘 옆에 잠들어 계셨다. 아버지를 흔들어 깨우다 화가 치밀어 참지 못하고, 어머니 묘를 두드리며, "어머니! 문 좀 열어 줘! 문 좀 열어 줘……." 대성통곡으로 울부짖었다. 저 세상, 어머니 곁으로 가고 싶은 생각뿐이었다.

삼경이 지난 심심 산골, 어머니 묘 옆에서 잠든 아버지를 붙잡고 소리, 소리 질러 울었다. 아버지의 심정은 헤아리지도 않고, 내 감정, 내 슬픔에 복받쳐 울부짖었다. 얼마의 시간이 흘렀는지, 아버지가 내 어깨를 감싸며 "가자! 집으로 가자. 네가……." 무슨 말인지 중얼거리면서도 아버지는 울지는 않으신다. 어머니가 비워두고 가신 빈자리에 아버지와 내가 원망하며 쌓은 그리움의 흔적들을 어머니 영혼도 아셨나보다. 혼자 문을 꼭 닫고 묘 속에서 있으면서도, 아버지와 나를 위해 멀게만 느껴지던 행복의 열쇠를 찾아 주신 것을 보면. 세상은 산 사람들의 몫이요, 뺏기고 간 죽은 자만 억울한 것을…….

어머님의 원동력

이 정 숙

초저녁잠이 많은 어머님은 저녁식사가 끝나기 무섭게 TV를 켜놓고 잠시 후면 고단한 몸을 뉘시고 곤히 코를 고신다.

신혼 초에는 남편이 회식하고 오는 날에는, 어머님과 둘이서 이른 저녁을 먹었다. 그리고 한참동안 TV를 보다가, 이제는 올 때가 된 것 같은 느낌이 들면 슬그머니 나가서 남편이 오는 길목의 육교 밑에 앉아서 반가운 얼굴이 나타나 주기만 학수고대한다.

전화가 귀하던 시절 연락도 할 수 없고, 무작정 기다리다가 약속을 한 것도 아니라 혹시 길이 어긋나서 집에 먼저와 있는 것은 아닐까 하는 생각이 들면, 또 서둘러 집으로 얼른 종종 걸음을 쳐서 와 본다. 그러나 어머님만 그대로 코를 골고 계시고 남편은 아직 오지 않았다. 난 또다시 대문을 밀고 나가, 저 멀리 혹시나 남편이 오고 있지나 않나하고, 한 발짝 한 발짝 느린 걸음으로 남편이 오고 있다고, 생각되는 쪽으로 발걸음을 옮겨간다.

그러나 끝내 남편은 아니 오고 난 그만 지쳐서 그냥 집으로 들어와 버린다. 그러면 어머님은 곤히 주무시다가 불현듯 깜짝 놀라 일어나셔서 아직도 아들이 오지 않은 것을 확인하고 나서는 무엇에 홀린 듯 부리나케 밖으로 나가신다. 그러면 이내 남편을 대동하고 나 보란 듯이 나타나신다. 그런 일이 한 두 번이 아니고 신혼 초에는 비일비재한 일이었다. 나는 아무리 오래 기다려도, 기필코 남편을 마중해서 어머님께 보란 듯이 집으로 들어가려고, 최대한 인내심을 발휘해도 10번 중 겨우 한 번꼴 정도만 성공한다. 도대체 왜 그럴까? 아마도 어머님의 가슴속에는, 오매불망 아들을 사랑하시는 특수 텔레파시가 정확하게 작동하고 있었나 보다.

세월이 흘러 지금은 나의 가슴속에 남편의 모든 것을 탐색하는 고성능 텔레파시가 강력한 힘을 뿜으며 잘 가동되고 있지만……. 그래서인지 요즈음 어머님은, 나에게 남편의 모든 것을 맡겨 놓으시고, 시골에서 편안히 계신다. 그러다가 갑자기 아들이 궁금하시면 한 걸음에 달려오셔서, 모든 걸 확인하고 안도의 숨을 쉬시고는 사흘이 멀다 하고 시골로 다시 내려가신다.

어머님은 젊은 나이에 아버님을 저세상으로 보내놓고 홀로 3녀 1남 자식들 옆에 뉘여 놓고 없는 살림 일궈내시며 억척스럽게 살아갈 수 있었던 것은 바로 4살 밖에 안 된 아들이 있었기 때문이 아니었을까. 불면 날아갈까 쥐면 꺼질까 애지중지 기른 아들을 어떻게 하든, 아무리 힘들어도 저 아들만 대학 보내고 장가들이면 하늘의 별이라도 따다가 바칠 줄 아셨다고 하셨다.

세상살이의 모든 고생은 끝나고 행복이 시작될 거라 굳게 믿고 키워 오신 아들! 세상의 모든 어머니들에게 귀하지 않은 아들이 어디 있을까만, 어머님께는 오직 하나뿐인 아들 때문에 세상을 살아가는 이유 그 자체인 것을…….

저녁 9시30분이면 사흘이 멀다 하고 어머님께 전화로 안부를 묻는다. 낮에는 집에 안 계신 때가 많고, 저녁시간 때는 마을 회관에서 다 함께 연속극을 시청하시고 집으로 귀가하신다. 길지 않은 안부전화에 서로가 잘 있는가를 확인하는 절차다.

어느 때는 어머님은 마지막 가는 길을 걱정 하신다. "우리부모님이 늘그막에 노망이 들어서 벽에 그림 그리다 돌아가셨는데 자식은 부모 닮는다는데 나도 그러면 어쩌느냐."고 내 앞에서 걱정을 하신다. 난 그때는 제발 어머님은 그런 못된 병에 걸리지 않기만을 간절히 바랬었다. 그러나 난 요즘 생각이 바뀌었다 .

사람이 살다가 마지막 가는 길을 누가 감히 장담할 수 있을까, "기왕이면 곱게 늙어서 편안히 가셔야겠지만, 그렇지 않는 일이 생길지라도, 어머님의 노후를 제가 기꺼이 책임질 테니까 어머님 너무 염려 하지 마세요."라고 말씀드렸다.

어머님은 내심 흐뭇한 표정이시다. 며느리인 내가 할 수 있는 일은 어머님이 젊어서 고생하신 일들이 헛되지 않게 잘 해드려야 되는데, 어쩌다 어머님이 기분이라도 언짢아하시는 날에는 살얼음 판 위를 걷는 기분이다.

한평생 아들을 위해 가난을 물리치고 윤택한 가정을 이루시기 위하여 온갖 고초를 다 이겨내시고 오늘의 우리 가정이 있게 해 주신 원동력이 되어주신 어머님! 아름답고 깊은 고마운 그 은혜를, 부족한 이 며느리로서는 무엇으로 보답해 드릴 수 있을까.

어머니의 손맛

이 정 식

"까치 까치 설날은 어저께고요, 우리 우리 설날은 오늘이래요." 우리말과 글이 자유롭지 못한 일제강점기였지만 민족의 대 명절 설날은 이 동요를 부르며 뛰어놀던 철없는 유년시절이 그리움으로 남는다.

설날이 가까워지면 온 가족과 할아버지 설빔(歲粧)에 어머니의 일손은 고달프기만 했었다. 입던 한복을 뜯어 빨아 다듬질하고 목화솜을 놓아 바지저고리 버선 토시 까지 짓느라 긴긴 겨울밤을 지새우며 바느질하시던 어머니는 바쁘기만 했다. 뿐만 아니었다. 제수(祭需)에 쓸 놋그릇을 윤이 나게 닦았고 음식 장만 하느라 어머니는 하루도 편할 날이 없었다.

엿기름 내어 감주 담그고. 콩을 불리어 맷돌에 갈아 두부 만들고. 찹쌀밥을 지어 인절미를 만드느라 큰 나무판에 떡메질하는 아저씨 옆에 어머니 손은 연일 떡밥을 뒤집었다. 그때 나는 어머니 손이 떡메에 다칠까 아찔한 생각에 벌벌 떨리기도 했지만 어머니 손질은 잽싸고 빨랐다. 또 조청을 고아 약과(藥果)를 만들고 송화가루를 개여 다식판에 박아내고 부침개 굽고 지짐질하느라 어머니 행주치마에는 휘파람소리가 일었다. 부엌아궁이에는 굴참나무 장작불을 지펴서 물을 끓여 커다란 함지박에 담아 우리 형제 목욕탕을 만들어 주셨다. 참숯불은 다리미에 가득 담아 아버지 설빔 옷 다림질을 하시며 한순간도 편할 날이 없으신 어머니의 일손! 어찌 그 작은 손으로 그리도 많은 일을 하셨을까. 지금 와 생각하니 내 가슴에는 설움에 겨워 눈시울만 뜨거워진다.

선달 그믐날 긴긴밤, 가래떡 써시는 어머니 곁에서 쓸고 난 두툼한 떡 꼬리를 빨간 화로 불에 구워먹는 맛에 설날의 꿈은 애기까치처럼 훨훨 날아가 버린다. 남정네들은 남자라는 이유만으로 섣달 그믐밤을 묵방치기로 지새우고, 장작패고 막걸리 몇 사발에 떡메만 휘둘러댄다. 왜 아낙네들만 고달픈 일만 해야 할까. 아낙네는 집안 살림을 도맡아 하기 때문일까. 잘 못하면 내조가 부족하다하여 시부모의 타박이 빗발치는 세속(世俗)이였다. 부가장(父家長)적이고 남존여비(男尊女卑)라는 유교(儒敎)에서 유래된 풍속이 옛 우리여성들에게 한이 서린 슬픈 멍에였으리라.

설날 이른 새벽부터 어머니는 준비한 세찬(歲饌)을 제기에 담아 내놓으면 삼촌과 어른들은 제사상을 북쪽으로 펴놓고 홍동백서(紅東白西), 어동육서(魚東肉西), 좌포우혜(左脯右醯)니 하며 진설(陳設)법을 따지며 차려놓고 차례(茶禮)를 지내었다. 설날의 차례는 추석명절과 함께 무축단잔(無祝單盞))으로 지내는 것이 기제사(忌祭祠)와 다른 것은 예나 지금이나 같은 풍속이었다. 차례가 끝나면 음복(飮福)을 했고 할아버지 할머니에게 부모님 삼촌에게도 세배를 하면 어른들은 나에게 '새해에는 건강하고 공부 열심히 하여라' 했고 어른들은 할아버지에게 세배를 하며 각각 처지에 맞는 덕담을 주고받았다. 세월이 흘러 내가 성장해서는 직장 따라 객지로 떠도는 생활을 하면서도 항상 설이 오기를 기대하는 마음은 여전했다.

내 고향은 산간벽지여서 교통편이 열악하여 버스도 드물었다. 버스를 타려면 길게 줄을 서 기다려야 했고, 비포장도로에 아내와 아이들이 짐짝처럼 만원버스에 시달리고 나면 그 고통은 너무나 컸다. 그렇지만 어느 때나 올까하고 기린 목처럼 길게 목을 늘여 기다리던 어머니가 뛰쳐나와 손자 손녀를 들쳐 업고 반가워하던 모습은 동구 밖까지 정이 넘쳐흘렀고 아버지는 까치발을 들고 울 너머로 넘어다보며 기뻐했던 것이 꿈만 같았다. 칠흑 같은 그믐날 밤이 되면 호롱불 밝혀놓고 오손도순 어머니와 이야기꽃을 피우던 옛 생각에 가슴이 울적해진다.

설이 오면 그렇게도 바쁘고 고달픈 어머니 일손도 북망산으로 가신지 아득한 옛일이 되었건만 다정했던 그 정만은 지금도 내 가슴에 슬픔으로 남아있다. 설이 다가오면 오형제 맏며느리가 된 아내의 분주한 손을 바라보며 옛 어머니의 구질그레한 행주치마에서 휘파람소리를 듣는 듯 했다. 옛 농경시대에는 재료를 가지고 만드는 자급자족시대였지만 지금은 만든 것을 사다하는 편리한 문명 속에 살고 있다. 그래도 여러 형제의 설음식 준비에는 힘들고 어려움이 많았다.

명절(名節) 증후군(症候群)이란 말도 생겨났지만 명절 한 번 지나고 나면 피곤한 것은 예나 지금이나 아낙네들이었다. 그래도 옛날 어머니의 일손은 아무리 일을 해도 피곤하지 않은 것으로 알았다. 작고 예쁘고 고운손이 늘 갈라지고 터져 피가 흘러 손가락을 싸매고 일을 해도 일하는 손은 늘 그런 줄 만 알았었다. 아무리 피곤하고 힘들어도 말씀이 없으셨기에 그렇게 생각했다. 얼마나 아프고 힘들었을까. 그래도 말이 없으신 설날 어머니의 손! 지금 와 생각하니 순박한 어머니의 사랑의 손이 물밀듯 내 가슴을 슬픔으로 적신다.

어머니의 情
슬픔이여 저 하늘나라로

이종준

어머니 제가 왔어요.

산 넘고 바다 건너 이역만리에서 이렇게 왔는데 어머님은 왜 말이 없으신지요.

청주 장로 성가단 일행은 베트남, 캄보디아 해외 공연차 비행기에서 내려 버스로 이동 중에 함께 동승한 어느 장로님이 전화를 받으라 한다. “아버님 제에요. 잘 도착하시였어요? 외할머니께서 운명하시였습니다 오늘아침에 하늘나라로 가시였어요.” 손에 든 전화기를 바닥에 떨어뜨리고 정신이 멍하였다. 얼마 후 정신을 차려 귀국을 하려고 수습을 해본 결과 비행기 표를 구하지 못했다. 이 일을 어떻게 해야 하나. 오갈 수 없는 이국땅에서 아무리 몸부림쳐 봐도 소용없어 장례를 모신 후 귀국하여 어머님 산소에 도착하였다.

어머님 용서하세요. 사위를 사위라고 하지 않고 아들이라 하신 어머님, 열여덟에 출가하시어 첫 딸을 낳은 즉시 남편은 전선으로 끌려가시어 6.25전쟁터에서 사망하였다는 전사 통보를 받고 의식을 잃으셨던 어머님, 오갈 데 없는 어머니는 어린딸을 안고 친정집으로 돌아가게 되었다. 그 후 친정어머니께서 딸 하나를 바라고 살 수 없다며 세 살배기 딸이 엄마에 옷고름을 붙잡고 자는 것을 가위로 자르고 등을 떠밀며 어서 가라 하시였단다. 어머니께서는 난 안 간다며 아이를 놓고는 못 간다고 딸을 끌어 안은 채 통곡을 하였지만 이별이란 운명 앞에 어쩔 수 없이 생이별을 하고 멀리 떠나시었다. 재가하신 지 일 년 만에 본처가 나타나 할 수 없이 한평생을 동거인으로 사신 어머님이시다. 지긋지긋하게 가난한 시골농부의 동거인으로 사남매를 낳아 기르다 두 번째 남편도 사망하여 고향을 등지고 객지 어느 장터 모퉁이에서 채소장사를 하시면서 사남매를 기르시느라 모진 고통을 겪으셨던 어머니셨다.

어머니 기억 나시지요?

시집가는 날 널 버리고 재가한 엄마를 용서하라며 예식장에도 참석 하지 못하고 부근 가로수 밑에서 한없는 눈물을 흘리신 어머니였다. 저의 아내가 예식을 마치고 목 놓아 우시는 어머님을 붙들고 "엄마 잘 살게. 울지 마 우리가 꼭 효도할 거야. 건강하게만 지내세요." 하며 함께 우는 모녀를 바라보면서 나는 어머님 걱정 마시라고 하던 그날을, 효도는커녕 용돈한번 넉넉히 드리지 못한 채 살아온 우리를 두고 평생을 가난과 몸부림치다가 저 세상으로 훌쩍 가신 어머님. 제가 와서 이렇게 목 놓아 불러도 대답 없으시니 가슴이 메어지는 슬픔에 몸이 굳어지는군요. 어머니 언젠가 "이 서방 내가 이 세상에 다시 태어난다면 난 절대 시집안가 지질이 못나고 성격마저 곱지 못한 내 딸 속 많이 썩이지." 하시며 나를 달래셨다. 며느리의 구박을 견디지 못하고 작은딸네 집에 있다는 소식을 듣고 부랴부랴 우리 집에 모시어 겨울과 봄을 저와 함께 보내시며 많은 이야기를 주고받았다. 그래도 할 말이 너무 많은데 나를 안 보시고 어떻게 눈을 감으셨을까? 아무리 목 놓아 울며 불러 봐도 대답은 없고 메아리만 내 가슴을 두드린다.

묘소 앞에 "어머님의 명복을 비옵니다. 사위가" 라는 조화가 어쩜 시들지 않고 그대로 있을까 막내아들이 아버지를 대신 정성껏 드려진 조화만이 외로운 어머님을 달래고 있었다. 한 평생을 즐거움과 행복이 무엇인지 모르고 가난 속에 사시다가 칠순이 갓 넘은 나이에 병마에 신음하시다가 소리 없이 가신 어머님.

회갑 때 제주도 가는 비행기를 타시며 난생처음 타본다며 환하게 웃으시던 모습이 내 눈에 아련히 떠오른다. 산새들에 울음소리가 더욱 구슬프게 들리는 골짜기에 이름 없는 꽃들이 노랗게 피어있다. 저 꽃도 고요히 노란빛으로 떨어질 때 꽃은 지면서 울지 않는 것처럼 보이지만 사실은 아무도 모르게 밤을 지새우며 눈물을 흘렸을 것이다. 몇 시간이 지나 눈을 들어 하늘을 바라보니 노을진 석양이 어머님 산소를 비추던 태양도 지고 어두움이 밀려온다. 밤을 싫어하시는 어머님의 산소를 떠나는 내 발걸음을 잡으며 "이 서방 잘 가게." 하시는 듯 어머님의 음성이 들리는 것만 같다. 살아생전 효도하지 못하고 마지막 가시는 길을 보지 못한 사위를 어머님 용서하시고 하늘나라에서 고이 잠드시기를 기원합니다.

우리 어머니

이황연

어머니!

저는 어머니를 부르기만 해도 슬프고 눈물이 날것만 같습니다. 지금은 이 세상에 계시지 않은 어머니가 보고 싶고, 생전에 저지른 불효(不孝)때문에 목이 멥니다. 어머니 쓰시던 자그마한 문갑위에는 지금도 어머니 영정사진이 놓여있습니다. 저는 지금도 그 사진을 바라보며 3년째 지내오고 있습니다. 때로는 어머니가 지금도 살아 계신 듯한, 느낌을 받기도 했습니다. 아침저녁으로 은근히 저를 바라보시는 모습이 옛날과 다름없는데 말씀만 없으시네요.

어머니에 대한 애틋한 추억은 어린 시절(幼年時節)로 거슬러 갑니다. 두 살 아래 여동생(덕연) 때문에 어머니는 저에게서 일찍 젖을 떼었던 것 같습니다. 지금 생각해 보아도 그때 어머니의 포근한 젖가슴이 너무도 그리웠습니다. 보드라운 어머니 젖을 만지면 간지럽다며 내 손을 떼어놓곤 하셨던 어머니.

인물 좋고 대학교까지 나온 3세 연하(年下)신랑에게 어머니는 시집을 오셨지요. 선 한 번도 못 보시고 대가(大家)집 맏며느리가 되신 것입니다. 시부모 남편, 시동생 시누이 네 사람, 우리 오남매, 어머니 부엌일 돕던 숙이, 별채에 머슴 2-3명, 식구가 무려 16-17명이나 되었던 시절입니다. 대가족을 거느리고 농사를 하는 집안에서 맏며느리의 일은 끝이 없는 것 같았습니다.

어머니!

맏아들인 저를 너무나 사랑하셨던 것 같아요. 맛있는 음식을 마련하면 다른 식구들 눈에 뜨일까 봐 뒤꼍 장독대로 몰래 저만 데리고 가, 먼저 먹이셨다고 아버지는 늘 어머니를 놀리셨습니다.

아버지가 돌아가시고 저와 어머니가 함께 보낸 시간, 어머니는 그동안 억눌리고 복종만 하고 살아오신 세월들을 잠시나마 잊고 사시는 것 같았습니다.

어느 화창한 봄날 저녁 때 이었습니다.

저는 사랑채 방에서 책을 읽고 있을 때 바로 옆 툇마루에 앉아계시던 어머니가 갑자기 노래를 하시는 것이었습니다. 어머니가 노래하시는 걸 처음 본 저는 너무도 놀랐습니다. 건너편 안산을 바라보시며 "나그네설음"을 부르셨지요. 그런데 저는 노래하시는 어머니가 왠지 안쓰러웠습니다. 어머니도 감정이 있고 노래도 부를 수 있는 평범한 여자라는 사실을 처음이자 너무 늦게 알았습니다.

어머니!

정말 죄송합니다. 어느 해 가을 저녁식사를 마치고 TV를 보다가 어머니는 갑자기 이상한 말씀을 하시더라고요. 오래전에 돌아가신 집안 할아버지가 낮에 찾아오셨다고 말씀하셨어요. 저는 그 순간 온몸이 오싹했고 놀라서 어찌할 바를 몰랐습니다.

어머니는 날이 갈수록 상상도 할 수 없는 일들을 저지르시며 저를 곤혹스럽게 했습니다. 저는 그때마다 고함을 지르며 어머니를 말리곤 했습니다. 어머니는 그 순간부터 “치매”라는 불안의 세월이 시작되었습니다.

어머니!

너무 죄송했어요. 서울 ‘도봉 실버센터’에 어머니를 모셨을 때, 평생을 살아오신 고향 이름을 부르시며 그곳으로 가자고 애원 하셨습니다. 어머니의 애처로운 모습에 저는 밖으로 뛰어나와 나무그늘 아래서 한없이 울었습니다. 그곳 생활에 적응하시며 3년여 세월동안 주말마다 찾아가는 저를 무척 기다리시는 것 같았습니다. 임종이 가까웠을 때는 의식이 거의 없으시면서도 제 이름을 부르셨습니다.

어머니!

저는 이 세상에 다시 태어나도 “우리 어머니”같은 어머니를 만나고 싶습니다. 부디 부디 평안히 계시기 바랍니다.

곡조 없이 흥얼거리는 어머니의 읊조림은
사랑의 울림이고 자장가였다

시어머니와 하루

임미옥

어버이날이 다가오자 어머님을 찾아뵈려고 남편과 함께 시골집을 향하여 나섰다. 집으로 들어서니 곱게 비질한 댓돌위에 파란 봉지꾸러미들이 놓여있다. 궁금하여 들쳐보니 껍질 벗긴 도라지, 참나물, 돈나물, 돌미나리, 머리카락만큼이나 가는 정구지를 뽀얗게 다듬어서 봉지봉지 담아 놓으셨다. 며느리 손에 흙 안 묻히고 편하게 먹이시려는 어머니 마음과 정성이 담긴 푸성귀들이 파란봉지 속에 가지런히 누워서 나의 마음을 울린다.

어머니 혼자 사시는 시골집 안방에 들어서니 네모반듯한 국방색 담요 위에 화투들이 널브러져 있다. 가운데 한 뭉텅이가 엎어져서 쌓여있고 양쪽으로 몇 장씩 화투 몫이 나누어있다. 어머니께선 화투놀이를 하셨는가보다. 누구랑 화투놀이를 하셨을까. 충주넷째 시누이가 다녀갔을까. 아님, 우체국 집배원 총각이 들렀다 놀아주고 가는 일이 있다 했으니 그리했을까.

어머님께 누구랑 화투 치셨느냐고 여쭈어 보았다. 어머님은 종일 사람구경 못하는 날은 심심해서 사람이 있는 것처럼 생각하고 허깨비와 화투를 치신다고 대답하셨다. 어떻게 없는 사람을 있는 것처럼 생각하고 화투를 치시냐고 묻자, 어머님 몫의 패를 한 장 내고 가운데 걸 뒤집어 같은 짝이 있으면 따온 다음 상대방 패를 들고 대신 해주신단다. "어서 내시게 나는 낼 거 많네. 오늘도 내가 다 따왔으니 배가 부름세." 이렇게 말씀하시면서 치다보면 상대방 패를 훤히 알고 있으니 지는 법이 없어 좋다고 웃으셨다.

어머님 말씀을 듣다말고 왈칵 눈물이 쏟아질 것 같아 화장실로 들어갔다. 얼마나 사람이 그리우면 허깨비를 앉혀놓고 실제 있는 것처럼 화투를 치신단 말인가. 삼월 초 이튿날이 어머님 생신인데 돌아오는 이번 생신은 어느덧 팔순이시다. 이제는 어머님을 모시고 청주로 나와 함께 살자고 말씀드려야 하는 건가. 해마다 어머님 생신이 돌아오면 이런 고민을 하게 된다.

십년 전 아버님이 돌아가시자 어머님 홀로 시골집에 사시는 것이 적적할 것 같아서 우리 집으로 오셔서 함께 살자고 말씀드렸었다. "현대식으로 고친 집 아까워서 어이 두고 청주로 가느냐. 노는 땅 지천인디 푸성귀 골고루 갈아 자식들 줄란다. 아직은 혼자 밥해먹는데 지장 없고 정든 친구가 좋아 떠나기 싫다."고 말씀하셨다. 말씀은 그리하셨지만 어머님을 불편하지 않게 잘 모시면서 함께 살 준비가 안 된 며느리 마음그릇을 아셨는지도 모른다.

한동네 사시는 어머님 친구 분이 큰아들 따라 원주로 간다고 했을 때 무슨 부귀영화를 누리자고 애들 따라가 집지키는 귀신처럼 아파트에 갇혀 사냐고 어머님께서 말리셨단다. "아들며느리 즈이끼리 재밌게 살게 두어야지 함께 살아봐야 불효자 맹그는거다. 그거야말로 참 미련한 결정이라고 생각하는 사람이다. 내는 그리 안 할란다." 어머님은 이렇게 자주 말씀하신다. 그분은 결국 며느리와 의가 상하여 마음 끓이며 사는데 고향으로 다시 가면 자식 망신이라 그리 할 수도 없노라고 후회하시는 걸 자주 들으셨단다.

어버이날도 다가오니 맛있는 거 사드리자고 충주 일식집으로 모시고 나갔는데, 두리번거리시며 비싼 집은 아니냐고 물으신다. 염려마시고 마음 편히 드시라는 남편 말에, "우리 장남이 사람아, 어느새 머리가 반백이신가. 우리 아들이 머리가 쉬도록 번 돈이라 아까워 그런다." 어머님은 점심 한 그릇 값을 환갑이 다 되어가는 아들 땀으로 생각하신다. 시집 온 지 삼십년이 됐지만 어머님말씀을 알뜰히 살림해야 한다는 교훈의 말씀으로 새겨들었다.

식사를 마친 후 옷 한 벌 사드리려고 충주 시내 옷가게에 들어갔다. 유명 브랜드가게로 모시고 갔더니 어머님은 내가 고르는 옷마다 트집을 잡더니 미리 봐둔 것이 있다 하시며 나가신다. 따라가 보니 결국 시장으로 가셨다. 어머님은 내 눈에 차지 않는 옷만 만지작거리신다. 시장 옷이라도 그 집에서 제일 비싼 옷은 모양과 품질이 좋았다. 그런데 내가 골라드리면 또 트집을 하신다. 안되겠다 싶어 제일 비싼 옷값을 미리 계산해 버렸다. "아주머니 돈 계산했으니 며칠 전에 점찍어 두신 것 가져가유. 돈으로는 안 물러 줘유." 어머니는 며칠 전 시장에 나오셨다가 그 옷을 만지작거리다 가셨단다.

살구 색에 고운꽃무늬 정장에 검정바지를 입으시고 아이처럼 기뻐하신다. 그런데 어머님은 갑자기 받쳐 입으실 민소매 하나 거저 달라고 실랑이를 하신다. 그렇게는 안 되는 거라고 내가 설득을 해도 물러서지 않으신다. 금쪽같은 자식 돈으로 이렇게 비싼 옷 샀는데 그 정도는 그냥 주어야한다고 우기셨다. 가게 주인이 결국 민소매를 덤으로 주자 어머님은 기분이 한층 좋아지셨다. 오늘은 아들내외 못지않게 덤으로 얻은 민소매가 큰 효도를 했다.

시골집으로 들어가는 차안에서 지나온 이야기들을 풀어 놓으시던 어머님 말씀이 뜸하셔서 돌아보니 차창 밖에서 들어온 싱그러운 바람타고 가늘게 코고는 소리가 들린다. 늙으신 어머니의 외로웠던 시간들이 모처럼 찾은 아들내외에게 의지하여 행복한 리듬을 탄다. 해거름에 손 흔드는 어머니를 홀로 두고 내려오는 길옆에 씨 뿌리기 위해 누군가 손질해놓은 밭고랑이 있다. 앞으로 몇 번이나 어버이날에 옷을 사드릴 수 있을까. 아직은 저기 밭고랑 숫자만큼은 남아 있기를 바라면서 창밖을 보니, 동네 입구 저수지 수면위로 무르익은 봄날의 햇살을 받은 잔물결이 어머님 이마의 주름살처럼 곱다.

등 굽은 내 어머니 사랑합니다

정윤희

내 어머니의 몸에선 야릇한 냄새가 난다. 청국장이나 메주가 뜨는 듯도 하고, 농수산물 시장의 오래 묵은 배추더미나 굴비에서 나는 냄새처럼 뭐라 딱 꼬집어 말할 수 없지만 그리 유쾌하지 않으면서도 개운치 않은 냄새와 함께 내 어머니의 말투에선 어딘지 모를 촌스러움과 질그릇 같은 투박함이 묻어난다.

작은 키, 잔뜩 굽은 등, 질질 끄는 신발, 남들이 입으면 잘 어울리는 옷도 내 어머니가 입으시면 어딘지 모르게 균형이 맞지 않고 어색함을 넘어 새 옷도 얻어 입은 옷으로 느껴지는 내 어머니. 많이 모자란 듯한 내 어머니는 그 옛날 20년 전 피반령(충북 보은군과 청원군의 경계 산)을 넘어 돌기와를 이은 토담집에 계실 때나 늘상 생활하시는 지금의 집 그 어디에도 어머니 자신만의 것이라곤 딱히 눈에 띄는 것이 거의 없다.

내가 신다버린 목 늘어진 양말이 어느 날 어머니의 양말 서랍 전부를 차지하고, 해어져 실밥 풀어지고, 고무줄이 늘어져 무심코 버린 아내의 속옷이 어머니의 속옷이 되어있고, 이웃에서 버린 짝맞지 않는 신발이 어머니의 신발되어 있어 처음부터 어머니의 것이 어떤 건지 찾아보면 가슴이 뭉클해진다. 난 빵을 먹으려다 유통기간이 지나 밀쳐놓은 뺏뺏해 버리려던 빵부스러기를 말없이 손으로 만지며 한 점 한 점 입에 넣고 오물거리는 내 어머니의 눈과 마주치면 난 화가 먼저 난다.

'왜 그렇게 사느냐고, 왜 그렇게 살았냐고…' 그럴 때 마다 촉촉한 눈길로 바라보는 어머니는 '그럼 어떡하니, 또 그럼 좀 어떠냐?'는 눈빛이다.

어둡고, 지저분한 방 한쪽에는 어지럽게 쌓여 있는 수많은 책들. 다른 한쪽에는 잡다한 천 조각들이 흉물스레 한 구석을 차지한 채, 삶을 구걸하는 아내의 재봉틀…… 그 한구석에는 등 굽은 고양이보다 더 웅크리고 계신 등 굽은 내 어머니를 보며, 안타까움에 앙상하게 뼈만 남은 몸을 가만히 안아 본다. 갑작스런 행동을 가만히 바라보는 어머니의 눈이 멋쩍어 눈을 돌려 서재를 바라볼 때 오래 전 '낮은 울타리'에 소개된 책을 집어 들고 읽으며, 전에 느끼지 못했던 새로운 감동에 눈물이 맺힌다.

오래 전 〈우정의 무대〉라는 군인을 대상으로 한 프로그램에서 있었던 이야기로 그 프로그램은 우리의 가슴속에 추억과 어머니의 사랑을, 우리의 눈에는 사랑의 눈물을, 우리의 귀에는 구수한 장맛을 생각나게 하는 우리 모두에게 옛 어머니의 음성을 들려 준 것으로 기억한다. 가장 감동적인 것은 시골에서 올라온 어머니가 무대 뒤에서 아들을 부르는 장면이었다. 그러면 아들은 무대 위로 올라가 어머니와 뜨겁게 포옹하는 장면으로 어느 날인가는 강원도에선가 올라온 어머니가 무대 뒤에서 아들을 애타게 찾고 있었다.

"자신의 어머니라고 생각하시는 군인 장병 여러분, 다 올라오세요."

사회자의 말이 끝나자마자 군인들은 앞 다투어 나갔다.

"저희 어머니가 확실합니다."

군인들은 모두가 자신의 어머니라고 외치며, 장난 끼 섞인 이유를 댔다. 장내는 계속 웃음바다였고, 한 군인 차례가 되었다. 사회자는 다른 사람과 마찬가지로 물었다.

"뒤에 있는 분이 어머니가 확실합니까?"

그러자 그 군인은 잠시 머뭇거렸다.

"아닙니다. 뒤에 계신 분은 제 어머니가 아닙니다."

그 병사는 힘없이 고개를 떨구며 자기의 어머니가 아니라고 했다.

여기저기서 웅성거리는 소리가 들렸다. 텔레비전에 출연하기 위해서 올라왔다는 장난기 어린 다른 사람들과는 다른 머쓱한 표정으로 목이 메어 말을 잇지 못하는데,

"그런데 왜 올라왔습니까?"

"어머니는 제가 군에 오기 일주일 전에 돌아가셨습니다."

그 군인의 목소리는 풀이 죽었고, 눈에는 눈물이 그렁그렁 맺혔다.

장내는 갑자기 조용해졌다.

"그랬군요. 그런데 왜 올라왔습니까?"

"예. 하늘나라에 계신 어머니께 드릴 말씀이 있어 올라왔습니다."

사회자도 무어라고 해야 할지 잠시 말을 잇지 못했다.

그러다가 "어머니가 보고 계십니까?"

"예, 확실합니다."

그렇게 말하면서도 그 군인은 약간 울먹였다.

"그럼 아버님은 살아 계십니까?"

"아닙니다. 두 분 다 돌아가시고 형님과 살고 있습니다."

그 군인의 목소리는 더 작아졌다.

"그럼 어머니께 한 마디 하십시오."

그 군인은 눈물을 쓰~윽 닦고는 거수경례를 했다.

"충성! 어머니. 이 막내아들은 형님들이 잘 돌봐주고 있습니다." 그리고 목소리가 잠시 떨리는 듯 하더니 다시 말을 이었다. "군 생활 잘 하고 있으니까 아무 걱정 마시고 편안히 눈감으십시오." 군인의 목소리는 점점 잦아들어 뒷말은 잘 들리지 않았다. "충성!" 그 군인이 경례를 하자 장내가 술렁이더니 모든 군인들이 일어나 다같이 "충성!" 하고 외쳤다.

그리고, 그 군인이 눈물을 닦고, 하늘을 바라보며, "어머니!" 하고 소리쳤고, 많은 군인들도 "어머니"하며 불렀다. 그 소리는 메아리 되어 내 가슴 속에 큰 파장을 일으켰다.

이제서 생각해보니 내 어릴 적 어머니의 몸에서는 인삼냄새가 났었다. 또, 구절초 같이 짙지도 옅지도 않고, 배시시 웃음이 묻어나는 은은한 향기도 있었다. 그냥 곡조 없이 흥얼거리는 어머니의 읊조림이 나를 참 편하게 했고, 나로 인해 행복해하는 어머니 특유의 사랑의 울림이었고, 나를 편안히 잠들게 하는 그런 감동의 자장가였다. 그땐 평범한 몸빼(일바지)나 월남치마를 포함해 아무 옷이나 입어도 정말 아름다웠다.

여든 여덟 해를 살아온 지금 어른에게 그 자신의 모든 것을 내어주고, 남은 것을 다 내게 내어주고, 이제 남은 마지막 한 토막의 기도까지 군대 간 손자에게 내어주고 아무 것도 남아있지 않기에 등이 굽을 수밖에 없는 것을 50대 중반이 된 지금에서야 알게 되니……

오늘은 집에 계신 어머니를 꼭 안아드려야겠다. 옥수수수염처럼 진이 다 빠져 푸스스한 흰 머리카락을 만지며, 볼이라도 한번 쓰다듬으면서 어릴 때처럼 안겨야겠다. 그리고 어머니에게 여태껏 말하지 못했던 고백을 해야겠다.

"어머니~ 사랑합니다."

어머니 묘비석을 세우며

정의룩

어머니 묘비석을 세우려고 내 고향 제주도에 도착하였다. 듬성듬성 뚫려 있는 현무암 돌담이 사방으로 죽 둘러쳐져 다른 밭과 우리 가족묘지의 경계를 이루고 있다. 벌초 올 때 멀리 보이던 조상님들의 산소는 운해가 흘러가는 부드러운 곡선을 닮아 더없이 평온해 보였다. 그러나 오늘같이 비가 내리는 날에 봉분들을 보노라니 세월이 무상하고 쓸쓸함이 가슴에 스민다.

예로부터 청명은 지상의 신들이 모두 하늘로 올라가는 손(損) 없는 날이라 해서 택일하지 않아도 산소를 이장하거나 돌볼 수 있다. 그래서 이번에 미루어 왔던 어머니 묘비석을 세우기로 하였다. 아버님은 가족묘지를 마련하기 전에 돌아가셔서 공동묘지에 계신다. 어머니가 계시는 가족묘로 이장해서 두 분을 나란히 모시고서 그 앞에 비석 하나를 세우는 것이 나의 바람이었지만, 이장을 잘못하면 우환이 생길 수 있다는 아내와 집안 형님의 반대가 심해서 실천하지를 못했다. 그래서 차일피일 미루다가 내 생각을 접었고, 오늘 청명을 맞아 우선 어머니 비석만이라도 세우게 된 것이다. 그 어떤 이유도 부모님 묘소를 같은 장소에 나란히 모시고 싶은 자식 마음보다 앞설 수는 없다고 생각했건만….

반석을 반듯하게 놓고 파진 홈에 회반죽을 넣어 비신을 세우고 넘어가지 않도록 고정하였다. 제물을 진설하여 축문을 읽고 친척들과 절을 하며 산신제와 어머니 제사를 지냈다.

아쉽다. 어머니에게 이제 남은 것은 육신이 묻혀 있는 작은 봉분과 가족 관계를 간단하게 기록한 비석 하나이구나. 고향을 떠나 부산으로 아버지를 따라오셔서 여러 가지 일을 하며 고생을 많이 하신 어머니였다. 영도 남항동 시장 입구에서 좌판을 벌이고 빵을 팔던 어려웠던 시절이 어렴풋이 생각난다. 제주도지만 산촌 출신이라 물질을 하지 못했던 어머니는 해녀 축에 끼지 못하고 그들이 따오는 우뭇가사리, 진두발, 도박, 앙장구, 성게 등을 사서 자갈치시장에 있는 상회에 되넘기는 일을 한동안 하셨다.

우뭇가사리를 너무 말려 무게가 축날 때도 있었고 성게에 간이 너무 돼서 제값을 못 받기도 했다. 무엇보다도 가공과 운반 과정이 다 힘들어서 여자인 어머니에게는 육체적 고통이 상당했을 것이다. 셋방살이하다가 내 집에서 사는 게 그래도 마음 편하다고 고향 사람들이 많이 살던 피난민 수용소의 집 한 칸을 사들였다. 집이라 했지만 말 그대로 수용소같이 방 하나에 부엌 하나, 공동변소를 사용하던 다닥다닥 붙은 집이었는데 이제는 그때가 그립다.

4년이 지나 잊혀졌나 했는데 묘소 앞에 서니 십여 년 동안 크고 작은 병고에 시달리며 파리했던 어머니 얼굴이 떠올랐다. 돌아가시기 전 한동안은 천식이 와서 주무시다가 일어나 앉아 계신 모습을 자주 보아야 했다. 숨을 잘 쉴 수 없는 것보다 더한 고통이 있을까. 치료에 방해될까 하여 속효성 천식약인 구강 분무액을 자주 못 쓰게 하면서 한약으로 근본 치료를 하려 노력했으나 허사였다. 기관지천식 환자를 한약으로 여러 명 완치해 주었건만 어머니는 어찌하여 낫질 않았을까. 아들이 약사이지만 정성이 부족했던 것일까.

외아들이라고 애지중지하던 자식이 기어 다닐 무렵 크게 다쳐서 정상적인 몸으로 생활하지 못하게 된 것도 어머니에게는 일생 가슴에 박혀 있던 대못이었으리. "네 몸이 약하니 약대 가야 한다."라고 하여 약사가 되게 한 것도 어머니였다. 그러지 않았더라면 난 지금 어느 하늘 아래에서 무슨 일을 하면서 살고 있을까.

"어머니, 오랜만에 바람이나 쐬러 같이 나가시죠?" 하고 아무리 권하여도 잘 따라나서지를 않았던 어머니. 당신이 숨이 차서 잘 걷지 못하면 아들 내외의 나들이에 방해될까 봐 극구 사양하셨던 어머니, 빈집에서 얼마나 외로우셨을까. 겨울을 어렵게 지내실 때 "겨울 넘기고 따뜻한 봄이 오면 많이 나을 겁니다."라고 말씀을 드렸건만 그해 따뜻한 봄이 오기도 전에 세상을 떠나셨다.

"어머니, 중학교 때였지요. 학교 갔다 오면 어머니가 장사하러 가고 안 계셔서 그게 불만이었지요. 어머니 대신에 보리쌀을 씻어 안치고 비린내 나는 고기를 장만해서 찌개를 만들었던 생각이 납니다. 지금 생각하니 어머니 사랑 속에 열심히 살던 그때가 행복했던 순간이었습니다. 바쁘다는 핑계로 아픈 어머니를 제대로 돌보지 못한 자식을 어머니는 용서하시겠지요?

어머니 묘비석을 세우는 날 아버님을 모셔 와서 두 분이 오붓하게 계시도록 하고 싶었지만, 생각과는 달리 그러지 못했습니다. 풍습이 아버지가 돌아가신 햇수가 삼십 년이 차면 이장할 수 있다 하니 앞으로 오 년이 남았습니다. 그때는 공동묘지에 계신 아버님을 꼭 모셔오겠습니다. 어머니 곁에 남겨 둔 빈 묏자리에는 아버님을 모실 수 있게 앞으로도 아무도 묘를 쓰지 못하게 하겠습니다."

아침 일찍 출근해서 밤늦게 퇴근해서는 어머니 방에 잠시 얼굴을 내밀고 괜찮으시냐고 묻는 게 전부였던 나였다. 어머니는 나를 그리 사랑하셨건만 난 무엇이 그리 바빠서 따뜻하게 어머니를 위로해 드리지 못하고 시간을 같이 하지 못했을까.

어머니 산소 앞에 세운 비는 돌비석 집에서 볼 수 있는 흔한 돌이지만, 어머니 생전에 효도하지 못한 죄스러움과 어머니를 그리워하는 마음에서 내 작은 정성을 담았으나 모두가 부질없음에 산소에 엎드려 하염없이 눈물만 쏟을 뿐이다.

어머니의 빈자리

조 경 숙

어떠한 일이든 순조롭게 소화시키는 나의 어머니는 신앙이 같아서 함께 의논 할 수 있어서 참 좋다. 어머니가 보고 싶으면 언제라도 "엄마!" 라는 소리와 함께 친정집 방문을 연다.

푸근하고 사랑과 희생정신이 투철하신 어머니는 부지런하시어 가족에겐 물론이요 더불어 사는 사람들에게 필요한 존재이시다. 지금은 없어졌지만 예전에는 동네 어른들이 돌아가시면 상복 만드는 일로 항상 앞장서시었기에 쌀방개라는 별명에 부녀회장까지 하셨다. 게다가 집안에 궂은 일, 술을 좋아하시는 할아버지의 시집살이와 아버지 세숫물까지 떠다드리며 몸을 아끼지 않으셨다.

그런 어머니가 어느덧 일흔 중반에 와 있다. 자식들이 모두 떠난 외딴집 둥지에서 두 분이 농사를 짓다보니 힘에 겨운 세월 속에 어머니는 다리가 휘어지셨다. 관절염이라 금방이라도 주저앉을 것만 같아 곧게 하기위한 수술을 그래도 잘한다고 소문난 청주의 모 병원에서 하셨다. 그런데 인공관절 부위에 진물이 나며 아물지 않아 여러 번의 재수술을 하는 바람에 어쩔 수 없이 아버지 혼자 농사를 지어야 하는 형편이 되었다.

일을 하시기 전에 아버지는 "여봐! 어떤 일을 먼저 해여?" 항상 어머니에게 물어 보고 논밭으로 나가셨는데, 홀로 생활에 적응을 못 하시는 것 같다. 병상에 계신 어머니에게 종종 전화로 물어보시니… 그렇다고 먼 거리에서 직장 생활하는 아들 며느리가 자주 가서 도와줄 수도 없고, 나 역시 아버지에게 자주 찾아가볼 수가 없다. 어머니 때문에…

그러던 어느 날 아버지 혼자 계신 시골집에 궁금하여 가보니 집안이 엉망이다.

'과부는 구슬이 서 말이어도 홀아비는 이가 서 말' 이라는 옛 속담이 실감이 난다. 어머니가 계실 때에는 깨끗하기만 했던 방안은 흙 묻은 아버지의 작업복 때문에 버적버적하고 지저분하다. 주방의 냄비는 땅꾼들이 밥할 때 끄실러 놓은 것처럼 모두 다 검게 타있다. 국을 데운다며 얹어놓고 밖에 일로 깜빡했다고 하시는데 집에 불이 안 난 것이 천만 다행이다.

그 전에는 넓게 여겨졌던 앞마당은 지저분한 나뭇가지와 토막들로 좁혀져있다. 요즘 세상에 누가 불을 때겠냐마는 알뜰하시기에 땔감으로 쓰기 위해 주워 오신 것이다. 어머니가 계시면 못하게 하시지만, 어디서부터 치워야 되는지 '어머니의 자리가 이렇게 큰 것을…' 생각하며 실내 청소부터 하기 시작했다. 집안 청소를 하고나니 사람 사는 집 같다. 아버지가 계시지만 어머니가 안 계신 친정집은 너무나도 쓸쓸하고 어머니를 생각하니 눈시울이 뜨거워진다.

친정에 가면 그래도 나를 손님이라고 좋아하는 음식을 만들어 주곤 하셨다. 밀가루반죽에다 콩가루를 넣어 홍두깨로 얇게 밀어 만든 국수에 방금 딴 덩굴호박을 채 썰어 삶은 다음 뜨거운 국물 반은 버리고 냉수를 섞어 다진 고추, 파, 마늘, 참기름과 깨소금이 듬뿍 들어간 가느다란 칼국수다. 차지도 않고 뜨겁지도 않은 그 맛, 부드러워서 어머니도 참 좋아하셨는데… 어머니의 손맛이 그립다.

어머니가 안 계시기에 아버지와 함께 한 단출한 밥상이다. "너하고 같이 밥을 먹으니 밥맛이 있구나." 라고 하시는 아버지가 한없이 초췌해 보인다. 집에 올 때쯤 빨랫감을 세탁기 안에 넣어 스위치를 눌러놓고 한 시간 후 꺼내 널라고 아버지에게 일러 주고 무거운 발걸음으로 몸을 돌렸다. 그런데 일주일 후 세탁기 안에는 내가 넣었던 빨래가 그 안에서 말라가고 있으니 어머니의 빈자리가 더욱더 실감이 난다. 하여간 어머니 없이 생활하신 아버지는 홀아비생활 몇 개월 만에 심한 열로 어머니가 계신 병원에 나란히 입원을 하셨다. 병원 밥이지만 따뜻하게 어머니와 함께 드시니 오히려 마음이 놓인다. 아버지를 못 미더워하신 어머니 역시 안도하시는 것 같았다.

여럿이 일을 해도 일손이 부족한 시기에 아버지마저 병원에 계시니 시골일이 걱정스럽다는 어머니의 염려를 덜어드리기 위해 가끔씩 부모가 안 계신 빈집에 또 가봐야 했다. 습관에 따라 대문 밖에서부터 "엄마!" 하고 불렀지만 아무도 대답 하는 이는 없고 찬바람만이 가슴을 아리게 한다. 아버지가 말려놓은 고추는 장마철의 비바람에 절반은 곰팡이가 피어있고 처마 밑에 따다놓은 강낭콩은 싹이 나 있다. 앞밭에 빨갛게 익은 고추는 제때에 땄어야 했는데, 곯아 떨어져 밭고랑 바닥에 누워있다. 어머니가 계셨으면 이러질 않았을 텐데… 참으로 안타깝기만 하다.

아버지가 혼자 지은 농사는 자라나는 곡식까지 어머니가 안 계신 표가 난다. 초록색이 되어 있어야 할 벼 잎이 연두색이다. 대여섯 개씩 통통하게 박혀있어야 할 강낭콩 역시 영양이 부족해 두 세 개씩 줄어들고 한 끼 굶은 것처럼 홀쭉해 상품 가치가 없다.

며칠 후 산더미 같은 일을 조금이라도 덜어드리고자 품꾼을 사서 일은 줄였으나 아무도 없는 집에서 나름대로 손님 대접하기에 바빴다. 그리고 청주 집으로 올 때는 눅눅해져 있는 마른 고추를 그냥 두고 올 수가 없어 차에 싣고 와 햇볕 좋은 날 주변 공터에서 이틀 간 펴 널었다. 달그락달그락 자루에 담는 소리가 어머니의 퇴원 소식을 알리는 것만 같다. 그래서일까 아버지는 얼마 후 곧 퇴원 하시고, 어머니 역시 입원하신지 아홉 달 만에 집으로 오셨다.

한 곳에 일곱 번의 재수술을 인내하며 견뎌내신 어머니, 육신이 연약해 지셨지만, 아버지 내조는 물론이요. 새벽기도로 하루의 일을 시작하신다. 자녀들의 본보기가 되어주신 어머니. 이제는 저희가 지팡이가 되어 드릴 터이니 항상 건강하게 오래오래 어머니의 자리를 지켜주시기를 기원한다. 어머니의 빈자리를 크게 경험했던 2년 전 그해를 생각하며 조용히 어머니를 불러본다.

어머니!

생각은 열 백 번 달려가서 보살펴 드리고 싶었지만
바쁘다는 핑계로 늘 무심하기만 했습니다
어머니!

어머니

趙順姬

기름은 모두 닳아 없어지고 심지는 다 타서 이제는 더 이상 불빛을 밝힐 수 없는 꺼져가던 호롱불빛 같은 나의 어머니. 가쁜 숨을 몰아쉬며 이생에서의 마지막 모습을 안타까운 마음으로 지켜보았습니다.

지는 꽃잎처럼 스러져가는 것이 인생인가. 높이 솟아오른 창공의 보름달처럼 오늘도 어제처럼 반짝이며 여전히 비추지만 한 번 가신 어머님을 이제는 다시 뵈올 기약이 없습니다. 찾아뵐 때마다 "보고 싶었어." 하시고는 눈물을 글썽이시던 어머니. 당신 뜻대로 거동할 수 없었으니 오죽이나 갑갑하고 고독했던 기다림의 시간이었을까요. 십일 남매 중 사춘기에 접어든 셋째 딸을 가슴에 묻고, 평생동안 기도하고 밤마다 자책하시던 탄식하시던 어머니의 심정을 모르랴마는 그 애달픈 사연을 뉘라서 위로할 수 있었겠습니까? 생각은 열 번 백 번 달려가서 보살펴 드리고 싶었지만 생활에 얽매이고 제 몸도 아프다는 핑계로 늘 무심하기만 했습니다. 홀로 가실 수밖에 없는 그 길…… 이제서 뉘우치며 어머님을 그리워합니다.

언제나 나눠주기를 즐겨하시며 새벽부터 늦은 밤까지 오직 생활 전선에서 자식 위해 온몸으로 삶의 전부를 바치신 어머니의 일생을 우리 십남매는 지켜보았습니다.

어머니, 어머니가 계셨기에 오늘의 제가 이 자리에 설 수 있었습니다. 십일 남매 모두를 아버지 혼자 다 받아내시고 쌍둥이를 받아낼 땐 “아이쿠! 여기 또 하나 있구나.”놀라셨던 부모님. 그 많은 자식 분만하시고 한 번도 산후조리 못하셨던 어머니.

고단한 몸 이끄시고 깊은 우물물 길어다 새벽밥 먹여 이십 리 길 여학교를 다니던 딸의 뒷모습을 바라보시며 무슨 생각을 하셨을까요? 자식들 뒷바라지 해 주시느라 인생을 다 소진하셨습니다. 그 헌식적인 사랑과 희생이 아니었다면 어찌 오늘의 제가 존재할 수 있었겠습니까? 어두운 방안을 밝혀주시듯 우리 십일 남매의 앞길을 열어주신 어머니는 참으로 훌륭하셨습니다.

평생을 글만 읽고 선비처럼 사신 사대독자 아버지를 극진히도 섬기셨고, 아버지 또한 그 시절에 남다른 교육관으로 십일 남매를 엄히 가르치셨습니다. 독일병정으로 불렸던, 어머니의 셋째아들은 장교가 되어 군복무를 마치고 삼성에 입사하였고 그 당시 입사동기가 이백 여명이었으나 정년퇴임 때에는 네 명이 남았고, 그중 한 사람이 어머니의 사랑하는 아들이었으니 어찌 장하다 아니할 수 있겠습니까.

무슨 일이든 시작하면 끝을 보는 성실함과 끈기 또한 부모님께 물려받은 재산입니다. 숱한 현장에서 책임을 다할 수 있었던 것은 부모님의 올바른 가르침을 받았기 때문입니다. 퇴임 후에도 복직해서 우리나라에서 안전사고 한 건 없는 최고의 지도자 칭호를 받기까지 그는 늘 정직하고 성실했습니다. 어디 그뿐입니까, 주일마다 중환자실에 계신 어머니 임종을 지키기 위해 바쁜 여정에도 동생 부부는 우리나라 최고의 명의(名醫) 아들과 약사 딸 남매를 데리고 청주로 내려와 교대로 차속에서 새우잠을 자며 어머니 병실을 지켰습니다. 그 갸륵한 정성은 오래도록 내 마음을 감동하게 하였습니다.

어머님은 운명하시기 전 당신이 받은 고마움을 잊지 않고 어려웠던 시절에 도움을 받고도 아무것도 못 해주었던 친가 아주머니 노후를 보살펴 드리라고 모아둔 거금을 내 놓으시고 유언까지 하셨습니다. 식어가는 온기가 작별의 시간을 알리는 듯했습니다. 그동안 한 번도 말하지 못했던 어떤 고백을 하시고자 하는 것 같았습니다 내 나이 여섯 살쯤 되었을까. 6.25사변 때, 경상도 마낭골이라는 곳으로 피난을 가는데 며칠씩 소달구지를 타고 가는 것이 어린 나에겐 지루했던지 내리겠다고 우는 어린 딸이 얼마나 야속하고 미웠는지 “저 강물에 빠져 죽어.” 라며 수많은 인파속에 버리고 가셨었습니다. 그 많은 피난민 속에서 울며불며 소리친들 소용이 없었고, 종종걸음으로 엄마! 엄마! 외치며 서럽게 울고 또 울었던 기억은 내 가슴 한 편에 풀리지 않은 아픔이었습니다. 그런데 운명의 시간이 가까워짐을 예감하셨는지 처음으로 그 이야기를 꺼내시었을 적엔 온몸에 전율을 느꼈습니다.

“미안하다. 그때 너 강물에 빠지라고 떼어놓고 간 것…”

어머니의 손을 잡고 우리 모녀는 소리 없이 울었습니다. 그동안 미안해서 평생토록 못하신 한마디를 하시고는 호흡이 불규칙 하시더니 의식을 잃으셨습니다.

어머니의 임종을 우리 십 남매 부부가 모두 지켜보았습니다.

이제 무거운 짐 다 내려놓으시고 편히 영면(永眠)하소서. 산기슭에 남아있는 잔설이 봄을 재촉하듯 해토로 무너진 어머님 봉분 앞에 십 남매 부부가 늠름하게 서 있습니다. 어머님에 대한 슬픔이 찬바람에 옷깃을 여미는 아픔으로 국화꽃 몇 송이가 눈속에서 말없이 우리를 반깁니다.

아름다운 사랑의 꽃을 피우시고자 몇 번씩 죽음의 고통을 이기셨던 강인한 어머니. 그동안 소원(疏遠)했던 자식들을 한자리에 모이게 하시고 어머니께서 기거하시던 집에서 사랑의 선물을 마련하여 손수 나누어주시던 지난날이 잊히지 않습니다. 살아가면서 돌아가시기 전까지 형제간에 우애를 알게 하시고, 무언의 실행으로 느끼게 하심이 어머님의 소중한 가르치심 이제야 알아차렸습니다. 이십오 년 전에 오래오래 사시라고 딸이 애틋한 마음을 담아 마련한 수의(壽衣)를 입으시고 명주고름 길게 매고 왕비처럼 곱게 천국으로 떠나가시는 어머님은 슬픔속에서도 참으로 아름다웠습니다.

부모님의 생전에 못 다한 은혜가 오늘따라 더욱 가슴에 메어옵니다. 이 가을은 더욱 어머님이 그립습니다.

-어머니의 첫 기일에 즈음하여-

어머니와 함께한 봄나물

조순희

창문을 열어젖히니 봄을 재촉하는 비가 내린다. 언제나 봄이 오면 담장 밑에서 나를 벗같이 찾아주는 개나리가 한 식구처럼 바라보고 있다.

잠시 들렀다 가는 동생이 "언니, 이것 좀 봐." 하며 소리를 치는 게 아닌가. "뭔데" 하며 다가갔다. "여기저기 새싹이 많이 올라오네.", "매년 피는 그 꽃인가?", "응. 그 꽃이야."

한겨울 잠자고 있다가 다시 소생하는 만남에 잠시나마 감동을 받는다. 자식 많은 나를 닮은꼴로, 소떼같이 앞서거니 뒤서거니 몸싸움하며 소담하게 올라온다. 마치 오글오글 모여 앉은 내 자식들을 보는 듯 사랑이 샘솟는다. 쓸쓸하게 큰집을 홀로 지키는 내게 벗 삼아 가꾸라는 듯이, 종갓집 맏며느리 시집살이 시키듯 바쁜 일손을 덤으로 주는 것 같다. 봄기운이 절로 느껴지니, 어릴 적 어머니와 봄나물 즐겨 뜯던 생각이 왜 안 나랴. 그리움의 대상으로 떠오른다. 어머니 손끝의 양념 맛이 그리워 군침이 돈다.

어머니는 꽃 같은 청춘 어린나이 열세 살에 가마타고 조 씨 가문에 시집을 오셨다. 그리고 열일곱 살에 나를 낳으셨다. 17년 차이가 아니던가? 비록 어머니시지만 일상생활에서는 친구처럼, 일손에서는 같은 연배의 동료 못지않게 다정하고 호흡도 잘 맞았다. 가난을 면치 못하는 보릿고개 시절, 어머니는 아버지보다도 더 삶에 한이 맺히도록 수많은 고생을 하셨다. 일손이 모자라는 부잣집에 가서 일을 거들어주고 밥을 얻어다 끼니를 때우기도 하셨다. 때로는 양조장에 가서 모주 찌기미를 얻어다 삿가루로 묽게 타서 새우젓 독에 그득히 담아 놓으시고 배곯는 것을 모르게 밥 같이 일삼아 먹을 수 있도록 하셨다. 그런 것이라도 늘 있는 것이 아니라 꿈에 떡 맛보듯 간간이 있었다.

봄이 돌아오면 어머니는 활기를 띠신다. 호박이 넝쿨째 들어오는 것처럼 봄나물로 허기진 배를 면할 수 있으니까. 나무에 물오르듯 얼굴에 화색이 곱게 피신다. 신바람 나듯 다래끼 둘러메시고 호미와 칼을 챙기시어 나물 뜯으러 나가신다. 나도 큰 종다래키를 들고 어머니 치맛자락을 따라 조랑말 같이 나선다. "너는 집에서 공부나 해."라고 역정을 내시며 막무가내로 못 오게 하시지만 못 들은 척한다. 부지런히 뜯고 캐서 다래끼 안에 넣어드리니 칭찬 하시며 좋아 하셨다. 흥이 나서 쌀방개처럼 천방지축 캐러 돌아다니다가 그만 돌부리에 채여 넘어졌다. 어느 결에 보셨는지 "조심하지. 안 다쳤어?" 말끝에 안색이 안 좋으시다. 돌에 채였으니 발가락이 왜 안 아프랴. 아리게 아프지만 어머니 마음을 안심시키느라 괜찮다 하면서 흙을 훌훌 털고 재빨리 일어났다. 애석하게 생각하시는 마음이 역력하게 드러난다. "순희야, 해도 많이 기울고 바람도 차니 그만 가자. 네 바람에 그릇이 꽉 찼다. 이만하면 두서너 끼는 실컷 먹겠구나." 하시며 손을 잡아끄신다. 부딪친 발가락도 그만 가자고 팍 팍 쑤시며 아픈 신호를 연신 준다. 한동안 헤매고 넘어지고 했더니 맥이 쭉 빠졌다. 날씨는 따뜻하지만 바람이 차게 불어 어머니 치맛자락을 들썩이니 고쟁이 속으로 찬바람이 스며들어 신경을 쓰이게 하나보다.

몸을 움츠리시며 재삼 가자고 재촉하신다. 개 눈에는 개똥만 보인다는 속담처럼 뒷산 중턱에 오르시자 "얘, 저 위에 저거 고사리지?", "네, 고사리네요. 옆에 잔대 싹도 있고요." 그러고 보니 할아버지 제사가 며칠 안 남았다며 항상 햇고사리를 쓰는데 꺾어 말려 제사상에 올리신다고 허둥지둥 고사리만 보고 가시다가 그만 썩은 고주박에 부딪히고 말았다. 커다란 고주박이 땅에서 퉁 하니 빠져 뒹굴고 어머니도 넘어지는 바람에 서커스 하는 사람처럼 한 바퀴 굴렀다. 다래끼 끈이 나무 끝에 걸려 일어나지를 못하고 계셨다. 잔대를 캐던 나는 허리나 다리를 다치셨으면 어떻게 하나 가슴이 철렁했다. 다가가 걸린 다래끼 끈을 빼 놓고 몸을 살폈다. 어머니는 괜찮다고 하시면서도 연신 발목을 만지셨다. "큰일 날 뻔 했네. 고사리가 어머니를 죽일 뻔했네요." 고주박에 날카로운 모가 나 속 깊이 자극을 받은 것 같다. 어머니와 함께 굴러 내린 나물은 제자리에 심어 놓은 것처럼 사방팔방으로 흩어져 다시 캐는 것처럼 힘들게 주워 담았다. 고사리를 꺾고 캐던 잔대 싹도 마저 캐서 할아버지 제사에 쓸 수 있도록 준비물이 되었다. "어머니 오늘은 되게 재수가 없나 봐요. 어머니도 저도 모녀가 아니랄까봐 똑같이 넘어지니 말이에요." 푸념을 하면서 어머니 뒤를 따라가니 괜찮다고 하시던 발을 간난아이 다루듯 살살 걸으신다.

나는 어머니가 이고 가시는 봇짐을 강제로 빼앗은 뒤 머리에 쓰신 수건을 똬리를 틀어 내 머리에 이고 아슬아슬하게 집에 왔다. 나물 짐을 내려놓고는 숨도 쉴 새 없는 양 옆집 팔촌 아주머니 집으로 가 "어머니가 산에서 발을 약간 접질리셨나 봐요. 옥토정기 약 좀 주세요." 하니 황급히 찾아주신다. 받아 들고 와서 약을 발라 드리니 한밤 자고 나면 가라앉는다고 안심을 시켜주신다.

나물 뜯고 캐느라 시간 가는 줄 모르게 산을 타셨으니 어머니는 얼마나 시장하시며 나 역시 왜 배가 안 고프랴. 어머니는 아픈 다리를 끌고 나물 삶으려고 여물 쑤는 무쇠 솥에 물을 끓이시고, 나는 들마루에다 나물을 쏟아놓고 티 없이 깨끗하게 가려 골라내어 삶아서 무쳐 먹으니 밥 없이 나물만 먹어도 꿀맛이었다.

보릿고개 시절 쌀밥 구경은 꿈에 떡 맛보기였다. 나물 비빔밥 그릇에 하얀 밥알이 파란 하늘에 흰 구름 떠다니듯 드문드문 보이는 것을 자식이 무엇인지, 어머니 드실 생각은 무릎 안에 접어놓으시고 한 알, 두 알 셈 하시 듯 밥 그릇 한쪽으로 모아서 한 수저가 될듯하니 푹 떠서 먹으라고 주셨다. 철이 난양 싫다며 안 받아 먹으려고 피하는 손에 걸려 그만 수저 밥이 땅바닥으로 쏟아졌다. 주면 좋은 듯이 받아먹지 이게 무슨 꼴이냐며 일일이 그릇에 주워 담아 물에 씻어서 드셨다.

6.25 동란 때 아들 하나도 아니고 둘을 내리 겹쳐 땅 속에 묻었으니 딸일망정 얼마나 애지중지 하셨을까? 어머니는 한이 맺힌 마음으로 자식이라면 끔찍이 생각하셨다. 책을 써도 몇 권

이 되리라. 넉넉지 못한 생활에 천신만고로 신물이 나도록 세월을 사셨으니 하늘이나 알고 땅이나 알지 아무도 모르리라. 그렇게 일생을 보내신 어머니께 보상은 못할망정 인정이 없어 잊고 살았다.

마른하늘에 날벼락 맞듯이 남편의 갑작스런 사고로 대학생 세 자녀의 교육이라는, 감당할 수 없는 무거운 짐을 양어깨에 걸머지게 되었으니 눈에 보이는 것이 무엇이 있으랴. 내 인생 접어놓고 아이들 교육과 한 집안의 가장이라는 현실에 맞닥뜨려 남자 대장부처럼 살아나가야 했다. 죽은 사람이 돌아온다 한들 어찌 반가울 수가 있으랴. 세상만사 모든 만물에 눈을 감고 소 닭 보듯 살았다. 비록 나를 낳아 주신 소중한 어머니지만 어쩔 수 없는 환경의 지배를 받아야 했다.

아름답게 이루어진 나의 일생 행복을 걷어내며 현명한 교육의 어머니가 되고자 1인 3역을 뛰며 좌절 없이 자리를 지켜 사노라 귀도 막고 눈도 감고 오로지 교육에 한길만 보는 삶이 내 인생의 전부였다. 거세게 파도치는 바다에 물 흐르듯 수없이 많은 우여곡절을 감내하며 한 치도 물러 설 수 없는 힘든 교육과정을 뒷받침하였고, 자식들 또한 그 노력에 보답이라도 하듯 부끄럽지 않은 어머니가 되도록 만들어주었다. 이제는 앞에 짐으로 버티고 있던 아들도 결혼을 하였으니 걸린 돌 없이 홀가분하며 죽어도 여한이 없다.

끝자락으로 남은 여정 한치 앞을 모르니 팔십 구세로 생존해 계시는 인생 하나에 제일 소중한 어머니 생각을 어찌 잊을 수가 있으랴. 등한시한 세월을 보상 할 수 있게 건강을 지켜주신 어머니가 감사하다. 힘겹게 살다보니 그동안 어머니께 자주 문안드리지 못함이 죄스럽다.

나물 캐러 다니던 옛 시절로 세월을 돌리어 어머니와 고향에 가서 한주먹에 나물을 뜯고 캐서 고향의 향기가 물씬 풍기는, 옛날에 즐겨 먹던 나물 비빔밥으로 정을 다독이고 싶다.

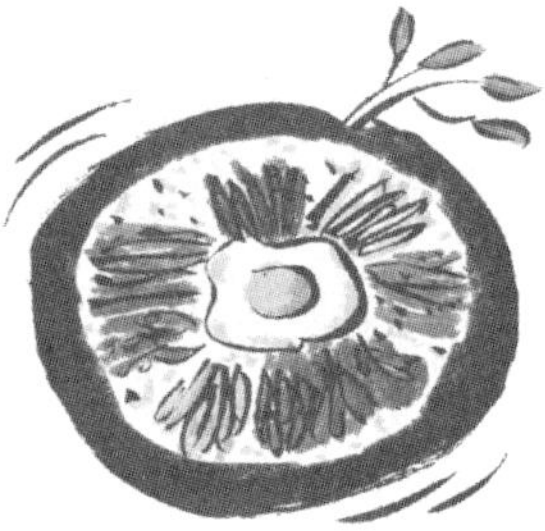

봄, 눈 그리고

최성은

며칠 전, 엄마가 영화를 보고 오셨다. 선물이든, 상품권이든, 양말이든 어디서 들어온 건 제일 먼저 내 차지였는데 그날따라 웬일인지 엄마가 선뜻 영화티켓을 양보하지 않으신다. 내심 뚱한 마음으로 '엄마도 영화를 보시나?' 생각하고 말았다.

주말 저녁, 채 여덟시도 되지 않아 영화를 보고 들어오시는 엄마를 붙잡고 영화는 어땠냐고 묻는 내 물음에 엄마는 나즈막이 "너도 가서 한 번 봐" 하시고는 아무 말씀이 없으셨다. 제목도 처음 들어보는 것 같은 '봄, 눈'이라는 영화로 제목만큼이나 영화를 보고 오신 엄마의 모습이 조금은 낯설고 생소하게 느껴졌다.

나도 모르게 어딘가에 맘이 이끌리어 생애 두 번째 홀로 영화보기에 나섰다. 나름 영화광인 내게 엄마가 먼저 보라고 말씀하신 바로 그 영화였다. 제목에서 느껴지는 서정적인 느낌이 영화에서도 물씬 풍겨져 나왔다. 그리고 굳이 말로 꺼내어 표현하지 않아도 영화를 보고 난 후 엄마의 그 마음을 어림짐작 할 수 있었다. 어떤 맘이셨을지….

영화의 내용은 어느 드라마나 소설 속에서도 쉽게 접할 수 있는 우리네 가정에서 너무도 흔히 겪는 가족의 소소한 일상을 담고 있었다. 가족을 위해 헌신적인 삶을 살다가 갑자기 암 선고를 받은 엄마 역할의 주인공이 가족과 남은 생애를 살아가며 느끼는 사랑과 애절함을 그린 너무도 뻔한 내용이다. 그렇게 진부한 이야기임에도 불구하고 보는 내내 나는 왜 계속 눈물이 났던 것일까. 영화를 보고 나오는 이 밤, 집으로 가는 발걸음이 왜 이리도 무거운 것일까. 엄마도 나와 같은 맘 이었을까.

영화를 보고 엄마는 어떤 생각을 하셨을까. 돌아가신 외할머니 생각이 났을까? 보고 싶고 그리워서 눈물이 났을까? 아니면 영화 속 순옥이 아줌마 같이 살아온 자신의 삶을 돌아보며 슬퍼지고 지난날의 삶이 마냥 애처롭게 느껴졌을까?

영화 속 딸의 모습에서 나를 보았기 때문일까. 엄마란 존재는 늘 곁에 머물러 계심이 당연했던 딸에게 청천벽력과도 같은 엄마의 사형선고를 어떻게 받아들일 수 있을까.

일을 마치고 쇼핑백 한보따리를 들고 들어오는 딸의 방에 따라 들어와 종일 외로움과 싸우고 딸에게 말을 건네며 사온 물건을 만지는 엄마에게 내 물건 건드리지 말라며 밖에서 받은 스트레스를 푸는 대상인 양 짜증을 가득 담아 쏘아대는 말로 엄마에게 상처를 주는 모습. 그게 나였다.

그런 딸이 시한부 인생을 사는 엄마를 곁에 두고 할 수 있는 것이라곤 지난 날 말 한마디 따뜻하게 하지 못한 못된 딸로 살았던 돌이킬 수 없는 날들을 후회와 눈물을 하루하루 가슴에 새기는 일, 그것뿐이었을 것이다. 난 그간 한 번도 상상조차 해보지 않은 일이었지만 그게 나였다면…. 내 옆에 엄마가 없다면….

작년에 대학원을 졸업하고 남들보다는 조금 늦은 스물일곱이라는 나이에 취업을 해 돈 중요한 걸 모르고 정신없이 쓰기 바빴다. 사회생활이란 걸 하다 보니 예기치 않은 지출도 많고 그간의 소비습관 때문이었는지 절약의 미덕은 일찌감치 접어두고 무턱대고 쓴 카드 덕분에 돈이 턱없이 부족하게 된 어느 날이었다. 막막했기에 얼마 전 엄마 생신 때 여름에 성지순례 가시는데 조금이나마 보태라고 드렸던 돈, 그것마저 엄마한테 손 벌리게 된 상황까지 이르렀다. 나조차도 당황스럽고 또 민망한 마음에 다음부터는 과소비 안하고 융통성 있게 잘 쓰겠다는 내 말에도 날 그저 철없고 헤프게 쓰는 아이로만 보는 것 같은, 날 이해 못하는 것만 같은 엄마의 대답이 원망스럽기까지 했었다. 이제와 돌아보건대, 경찰 공무원으로 삼십 여년을 성실히 근무하며 가족을 이끌어 오신 아빠가 퇴직하신 후에도, 두 남매의 대학교 등록금까지 대시면서 혼자 애간장 녹이며 쪼들리는 살림으로 마음고생 하셨을 엄마다. 염치없고 죄송스럽고 민망스러워 이래저래 변명을 늘어놓았지만, 평생을 아빠의 월급으로 네 식구를 뒷바라지 하며 지금까지 살아온 엄마의 공로와는 대비되는 나의 한심함을 인정하지 않을 수 없었다. 그제서야 그간 내 삶과는 무관한 것만 같았던 지난날들의 엄마의 모습이 내 마음에 들어오게 되었다.

따분한 주말, 혼자 집에 남아 차려 먹는 밥. 먹다 남은 시들해진 반찬과 하루가 지난 쾌쾌한 밥을 먹는데 넘어가질 않아 꾸역꾸역 삼켰더랬다. 근데 엄마는 평생을 혼자 우리 다 뒷바라지 하고 남은 그런 밥을 드셨겠지.

한 달여 전쯤 갑작스런 허리 통증으로 병원에 간 일이 있었다. 엄마와 아빠까지 출동해서 다 큰 딸내미 부축하며 종일 병원 검사며, 진료실이며 약국까지 누비셨다. 다 나은 뒤에도 유치원생 다루 듯, 시시각각 회사에 있는 내게 괜찮으냐며, 아프지 않은지 약 꼬박꼬박 챙겨먹고 틈틈이 스트레칭하고 움직이라고 수시로 전화로, 문자로 확인하시던 엄마. 그런데도 난 대장암이라는 큰 수술을 받는 아빠보다도, 어느 병원엘 가도 고치지 못하는 알레르기성 피부질환과 비문증으로 고생하는 엄마보다도 내가 피부과 가는 일, 나의 라식수술이 때론 더 대단한 일인 양 느껴지기도 했던 내 모습이 떠오른다.

내가 세 살쯤엔가. 뜨거운 물에 발을 데여서 서울 세브란스 병원에를 다니며 수술을 받은 일이 있었단다. 내겐 기억조차 없는 일이지만 내 왼쪽 다리에 남아있는 흉터가 엄마에겐 고스란히 맘의 상처로 남아 엄마는 지금도 화상을 입은 내 왼쪽 다리를 보실 때마다 종종 눈물을 보이신다. 새살을 돋게 하려고 흉터 진 다리를 바늘로 수십, 수백 번을 찔려야 하는 내 모습을 보지 못하시고 애써 눈을 돌리신다. 나에 대한 미안함에서일까. 눈물을 머금은 떨리던 그 목소리가 나는 참 싫었다.학창 시절엔 사춘기로, 요즈음엔 '아프니까 청춘이다'라는 어느 책 제목처럼 청춘들이 겪는다는 제2의 사춘기로 엄마에게 온갖 짜증과 투정을 무차별로 내던지던 나였다. 그런 내게 이따금씩 큰 사춘기 없이 잘 자라주었다고, 도리어 착하게 자라주어 고맙다고 하시던 엄마. 그러나 엄마의 갱년기는 나와는 무관한 듯 그렇게 지나가버렸다. 무지했고, 무관심했고, 몰이해했기에 이해할 수 없는 엄마의 모습을 때론 원망하기도 했었는데…. 하나밖에 없는 딸에게마저도 위로받기는커녕, 누구도 이해해 주는 이 없이 그 힘겨운 시간들을 홀로 견디어냈어야 했을 엄마.

나 치장하느라 사는 옷이며, 화장품 사는 일, 거의 매일을 밥값보다도 비싼 커피를 마시는 일, 그것이 내 삶을 여유롭게 즐기는 일인 줄 알았다. 시장에서 구매한 만 원짜리 옷을 가져와 입는 엄마에게 왜 그런 걸 사 입느냐며 뭐라 했지만, 나는 몰랐다. 생활비 쪼개가며 엄마 사고 싶은 거 아껴가며 지금껏 삼십여년을 살아오셨단 걸…. 엄마는 비싼 옷은 부담스러워서 잘 안 입는 줄로만 알았고, 싼 옷이 편해서 그래서 입는 줄 알았지.

열두 시 다 되어서 들어오는 날 잠도 못 주무시고 기다렸다가 간식 챙겨 먹이고, 또 동 트지 않은 어둑한 새벽마다 새벽기도를 다녀오시고, 아침밥은 꼭 먹고 다녀야 한다고 밥을 차려주시며 나와 같이 고삼 수험생으로 사셨던 엄마. 그러나 그 시절 기억 못하고, 밤마다 켜져 있는 TV 끄는 그 일이 뭐 그리 귀찮다고 TV를 끄지 않고 잠드신 엄마에게 몇 번이고 화를 내던 나.

자식에게 그런 대우를 받으며 수년의 세월을, 어쩌면 결혼하고 평생을 아침 일찍 일어나 가족들 밥 차려 먹이고 다들 떠난 조용한 빈집에서 쓸쓸히 홀로 남아 식어버린 밥에 먹다 남은 밑반찬으로 끼니를 때우시는 게 아닐 텐데…. 전쟁같은 아침을 치르고 급하게 뛰어나가 너저분해진 방을 치우고, 온 가족의 온갖 빨래와 청소 등의 뒤치다꺼리를 매일같이 하시는 게 아닐 텐데….

엄마가 부탁하는 워드 문서 하나 작성하는 일마저도 웃으며 기쁘게 한 번에 해드린 적 없이 회사에서도 종일 컴퓨터 하는데 집에서까지 해야겠냐고 툴툴대고 짜증 먼저 내던 나. 그런 내 눈치를 보며 몇 번이고 내게 '귀찮게 해 미안하다'던 엄마. 밖에선, 남들에게는 참하고 착한 나였지만, 엄마에게도 나는 그런 딸이었는지…. 묻기도 부끄러워 엄마를 보러 집에 들어가는 이 밤, 발걸음이 결코 가볍지만은 않다.

매일을 얼굴 맞대며 사는 나에게 엄마는 마치 김치 같은 존재였다. 늘 밥상에 빠짐없이 꼭 있어야 하는, 당연히 있어야 할 것 같은. 그래서 다른 음식처럼 색다르지도 않고 특별히 찾게 되는 일도 없기에 엄마에 대한 절절한 그리움도 모르고, 내게 있어 엄마란 존재의 소중함도 느끼지 못하고 살아왔다. 어릴 적 어버이날이나 생신때면 이따금씩 손편지로만 고백하던 사랑의 마음도 이제는 다 컸다고 부끄러워 제대로 말 한 번 해드린 적 없었던 것 같다.

영화 한 편을 통해 학창시절, 대학교, 대학원, 직장마저도 평생 한 곳에만 머물러 살아온 내게 정작 가장 소중한 존재를 잊고 이곳을 떠나고 싶어만 했던 내게 가족이 함께인 것이 얼마나 감사한 일인지 깨닫게 한다. 늘 이런 일을 한 번씩 겪고 나서야 그제서야 부모님에 대한 생각과 소중함과 감사와 사랑의 마음을 떠올린다. '잘해야지, 짜증내지 말아야지'수천 수백 번도 더 생각하고 다짐하고 살아온 날들이다. 그럼에도 평생 똑같은 반성과 후회는 변함이 없다. 아, 평생 이러면 어쩌지.

어둑해진 밤, 영화를 보고 나오는 이 기분. 난 돌아갈 곳이 있어 차분히 마음 편히 당연히 이 길을 걷는데, 늘 저녁시간에 맞춰 집에 들어오시는 엄마도 이집이 그렇게 편안하고 안락한 곳이었을까. 자식 남편 뒷바라지하고 갈 곳 없어 지쳐 잠든 곳은 아니었을까. 엄마도 할머니가 살아계셔 이런 영활 본 날, 우리 집이 아닌 엄마의 엄마가 계신 따스한 그 집에 가서 후회의 날들을 대신하여 할머니 안아드리고 올 수 있었으면, 엄마가 갈 곳 있었으면 좋았을 걸….

엄마와 아빠께서 어느 때곤 이따금씩 나누시던 말씀이 떠오른다. '너희 다 커서 결혼하면 조용한 시골에 가서 작은 텃밭 가꾸며 살고 싶다'시던 그 말씀. 지금도 여전히 어릴 적 그 때가, 그 곳이, 돌아갈 수 없는 그 시절이 가슴 시리도록 그리우시겠지? 보고 싶어도 볼 수 없는 우리 엄마의 엄마, 아빠가 애달프도록 그립고 보고 싶고 생각나시겠지?

나만 그 특권을 누리는 것 같아서 엄마에게 참 많이 미안해지는 밤이다. 애교도 없고 살가운 말 한마디 하지 못하는 난, 집으로 돌아가는 길에 어떤 맛있는 걸 사가야 하나 고민 중이다. 아무리 생각해도 엄마가 좋아하는 음식이 떠오르질 않는다.

줌치

최 종 희

봄을 알리는 새들은 부지런함도 함께 느끼게 한다. 야생화 중에 얼굴을 먼저 보인다는 복수초도 시들해 지는 무렵인데도 불구하고 새벽에 내려앉은 봄의 이방인인 찬 이슬에 목련의 가지와 꽃 봉우리는 시련을 겪어야 했다. 한 겹의 순수함을 품고 있기가 힘겨워 할 무렵, 하얀 꽃은 필 때는 깨끗하지만 질 때는 어머니의 주름이 생기는 듯 안타깝다. 봄에 걸맞게 나 또한 아침 해가 높이 뜬 것을 보고나서야 늦었지만 봄맞이 단장을 한다.

철 지난 겨울옷을 비롯하여 봄에 입을 옷, 일할 때 입는 긴 옷과 집에서만 입는 옷 등으로 분리하는 것도 시간이 많이 걸린다. 거의 끝나갈 무렵 바닥에 뭔가 떨어졌다.

"이게 무엇이지?" 한복의 천으로 된 것으로 옛날 친정어머니가 나한테 도시락을 싸주셨던 보자기였다. 사각으로 된 것이 손때가 묻어 딱히 무슨 색이라고 말하기도 어려운 색을 띄고 있었다.

"아! 그래 이건 어머니의 유품이야." 지난 가을에 돌아가신 어머니가 살아생전 허리춤에 차고 다니신 색동 줌치가 도시락 보자기에 싸여있었다. 한복의 속치마 단으로 박음질해서 만들었다는 허리끈은 지난 세월의 빛바램을 어머니의 주름진 손을 만진 느낌을 주고 있다.

줌치는 분홍색인지 자색인지 분간이 어려울 정도로 색이 바래져있고, 노란색은 그래도 유채꽃 색을 하고 있으며 뒤에 줄무늬는 감물의 색을 하고 있다. 잘못하여 물이 들어 얼룩으로 보이는 이 줌치를 보는 순간 나의 몸에 느껴지는 싸늘함의 전율과 마음이 숙연해지는 순간이다. 몇 개월이 지났는데도 차마 어머니의 물건이라 더 이상 열어보지를 못한 것이다. 시집올 때 어머니의 어머니가 사용하였다고 한 것이었으니 100년은 훌쩍 넘은 애장품이었다.

8남매를 낳아 기르면서 자식보다 어쩌면은 더 애지중지 했는지 모른다. 이 줌치에 손이 들어가지 않으면 우리의 눈에는 눈물이 났다. 배고픔의 시절에 줌치는 어머니의 허리를 더 졸라매었다. 불룩하게 되어도 가벼워 빈 주머니라도 허리춤에 차고 다님을 전혀 불편함을 못 느꼈을 어머니의 줌치. 방위성금 가져 가야한다고 돈 달라고 하면 종이돈보다 일원짜리 십 원짜리가 더 손에 잡혀 나왔다. 준비물 하나 사겠다고 하면 오빠들이 사용하고 남은 것을 찾아서 하라할 때는 마음에 상처를 주기도 하였다. 책 보따리 허리에 매고 주춤거리며 말 한마디 하지 못하고 그냥 학교에 가는 날이 많았다.

장손만이 손자로 알고 있던 할머니 앞에서 딸 많이 낳은 어머니의 나약함을 만들기에 충분했다. 보잘 것 없는 딸을 많이 낳았다고 서러움의 고비는 시집살이 굽이굽이 험준한 산임을 어머니는 홀로 감내하여야 했다. 딸을 두둔한다는 말을 듣지 않기 위해 매정한 눈빛으로 때로는 말보다 빗자루를 손에 먼저 들어야했던 어머니의 심정은 어떠하였을까. 할머니 앞에 고개 푹 숙여 야단 듣는 것보다 차라리 어머니가 더 혹독하게 먼저 설쳐야만 했다. 그래도 간혹은 할머니의 눈을 벗어나서 뒤곁으로 동생과 나를 오라고 하는 눈짓을 한다. 등을 돌려서 살그머니 바지춤에서 줌치를 꺼낸다. 그 순간 기분은 산딸기의 달콤함을 맛보는 것처럼 기쁨은 이루 말할 수 없이 좋았다. 단 한 번이었지만 말이다.

어머니의 푼돈은 손수 만들어야 했다. 달래와 쑥이라도 뜯어서 장날에 내다 팔면 그나마 지폐 한 장 꼬깃꼬깃 접어 줌치에 쏙 들어가면 나올 생각을 안 한다. 오빠들이 달라면 자연스레 줌치가 열린다. 할머니 앞에서 어머니가 할 수 있는 특별한 사랑 법이었다. 딸이 누리고자 해도 비오는 날 별보기를 기대하는 것만큼 어려웠다.

속바지에서 나오는 줌치를 스스럼없이 끄집어내는 어머니가 때론 부끄럽게도 여겨졌던 날이 있었다. 장날이 되어 풀빵이라도 어떻게 먹을 기회가 있지나 않을까 해서 따라가면 어머니의 줌치는 잘 열리지 않는다. 생선가게 앞에서 흥정을 할 때도 가격을 조금이라도 깎아주지 않는 곳에서는 사지를 않으셨다. 조금은 저렴하면서 양이 많아야 산다. 야채도 아주 싱싱한 것 보다 조금은 시들어도 많이 담겨있는 곳 같으면 말을 붙인다. 줌치에 손이 들어가다가도 얼마라도 더 가격을 내리지 않으면 안 산다고 으름장을 놓다가도 장사 아주머니의 볼멘소리도 어머니 앞에서는 져 주어야 했다. 갖고 갈려면 어서 갖고 가고 다음에는 우리 집에 오지마시라는 아주머니의 말이 떨어지기가 무섭게 어머니의 줌치에서 돈이 나온다.

왜 그렇게 악착같이 살림살이를 하셨는지. 꼭 그렇게 동여매어야 자식들을 키울 수 있었는지 세월이 야속하기 이를 데 없다. 50평생 아프시면서 어머니의 삶은 어디에 한 번 하소연을 못하셨다. 고된 시집살이에서도 어머니만의 비상금을 가질 수 있었지만 마음대로 써보지는 못했으나 갖고 있는 것만으로도 마음은 든든하였다고 했다.

위급할 때나 자식이 아플 때는 여지없이 줌치가 병을 낫게 하고 마음의 병을 주기도 했었다. 언제부터 어머니는 장롱에다 줌치를 놓고 다니셨다. 많이 들은 것도 아닌데 불구하고 80이 넘어서는 거의 빈 줌치인데 무겁게 느껴졌을까? 줌치를 허리에서 푼 순간 여자의 일생에서 또 다른 인생을 맞이해야 하는 나약하고 흐릿하게 비추는 촛불과 불빛이라는 것을 알고 있지 안했을까 싶다.

눈시울이 뜨거워진다. 손때가 묻어 있고 일평생 한 번도 씻지도 않았을 것만 같은 돈 때가 꾀죄죄하니 색동의 색상을 잃은 지 오래고 다시는 줌치 안에 어머니의 손이 들어가지 않을 거라는 것을 아는 순간 눈물이 핑 돌았다.

허전해진 허리는 자식들 출가시키고 나서의 허전함과 무엇이 달랐으랴. 더 이상의 필요도 없고 모든 것이 무의미하다는 것을 아셨기에 허리에서 풀어내셨던 것이 아닐까. 어머니의 자식사랑을 담아두기에는 이제는 너무나 나약해져 버린 자신을 알았음일까.

자식들을 모두 떠나보낸 후에는 삶의 무게를 이제는 줌치에 채워 넣을 희망의 그 어떤 것도 바라지 않고 무소유를 고집하려 애를 쓰셨으리라.

어머니의 손때 묻은 줌치를 가만히 가슴에 안으며 부모에 대한 사랑을 다시금 느껴본다.

어 머 니

함금태

말고개를 넘어서 내리막길 왼쪽 산자락 오솔길로 들어서면 개울건너에 외갓집이 있는 동네가 보인다. 오솔길 산 밑에는 우리 어머니와 꼭 닮으신 조그마한 외할머니 산소가 자리 잡고 있다. 어렸을 적에 혼자 종종 놀러 다니던 외갓집을 어머니를 따라 간 적이 있었다. 어머니는 오솔길 옆 외할머니 산소에 엎드려 외갓집 동네까지 들리도록 크고 서글프게 우셨다. 막내딸인 어머니도 어머니를 그리면서 원망과 서러움, 아쉬움이 묻어있는 눈물을 흘리셨을 것이다. 어머니를 위로하고 싶어 내가 장성한 후에도 일부러 어머니를 모시고 할머니 산소에 간 적이 있었다. 그때도 어머니는 슬프게 우시면서 살아계신 할머니한테 말씀하시듯 하셨다. 윗집에는 작은외삼촌이 아랫집에는 큰외삼촌이 살고 계시는 외갓집에 어렸을 적에 자주 놀러 다녔다. 외삼촌께서는 대나무뿌리로 팽이를 만들어 주시고 연도 만들어 주시어 연날리기와 팽이치기를 하며 어린 시절의 추억을 만들었다.

아버지는 장돌뱅이를 접으시고 면소재지 사거리에 이층집을 짓고 큰 상점을 개업하여 운영 하셨다. 거기다 농사까지 지으셔서 어려웠던 그 시절 보리 고개를 모르고 사시었다. 그 후 사업 욕심이 생겨서인지 대형트럭으로 농산물을 수집 매입하여 서울농수산물시장에 내다 파는 중간도매 장사를 하셨다. 그러니 어머니는 상점일과 농사일 그리고 대여섯 마리 되는 돼지 키우는 일까지도 도맡아 하게 되셨다. 일을 거들어 주시는 아저씨 한분과 어머니의 조카딸이 있었지만 항상 일에 매여 지금도까지 나들이 한번을 제대로 다녀오지 못하셨다. 그렇게 가정을 위해 힘들게 살아온 어머니 그나마 하던 사업도 큰 손해를 입어 가정형편이 어렵게 되어서도 가중된 어려움을 혼자 감내하며 살아 오셨다.

아버지 돌아가시기 전 정을 끊으려 하시었는지 어머니는 아버지를 눈에 띄게 구박을 많이 하셨다. 당신 누울 자리를 그렇게 신경 쓰시더니 세면장에서 넘어 지시어 석가탄신일(부친생신날) 삼 일전에 힘없이 돌아가셨다. 신기하게도 아버지는 태어나신 날 흙에 묻히는 묘한 운명을 맞이하셨다.

서울 가서 출세하여 큰소리치는 자식보다 옆에 같이 사는 아들 하나 있었으면 좋겠다고 하시던 어머니, 입관 하는 날 수의를 입으신 아버지를 보시더니 끝내 쓰러지시어 이제는 거동도 못하시고 병원에 누우신 지도 벌써 오년이 되었다.

어머니는 말도 못하시고 몸도 움직이지 못하시며 왼손만 조금 움직이신다. 식도가 경직되어 목으로 음식물을 못 넘기시어 호스를 꼽아 맛도 모른 채 갈아서 주사기로 넣어 드린다.

나 어릴적 어머니는 묵은 김장김치를 통째로 넣은 붕어 매운탕을 달짝지근하고 뼈까지도 물렁거리게 감칠 맛 나는 매운탕을 끓이셨다. 지금도 죽마고우 친구는 어렸을 때 먹었던 그 붕어 매운탕을 먹고 싶다고 회상한다. 붕어 매운탕을 끓이실 때 생선비린내 싫어하시어 맛을 안보시던 어머니 지금은 병이 들어 맛을 모른 채 음식을 넘기신다. 편히 돌아가시는 것도 복이련만 의술의 발달로 생명을 연장하여 힘든 여생을 보내신다. 피부병이 생겨 온몸 이곳 저곳이 가려워 긁는 것을 막으려고 왼손에 벙어리장갑 낀 채 고생하며 살고 계신다.

오늘은 어머니가 입원해있는 병원에 가는 도중에 아버지 유골이 안치 되어 있는 납골당에 들려 한참동안 눈물을 흘리고 왔다. 병원비가 많이 들어서 미안타고 더듬더듬 말씀 하시던 어머니 이젠 말도 못하고 왼손만 까닥이신다.이렇게 병원에 입원 하시어 힘들게 사시는 어머니를 위하여 빨리 돌아가시라고 기도를 해야 효도 인가, 아니면 이렇게라도 오래오래 사시라고 기도를 해야 하나 답답할 뿐이다. 좀 일어나시어 우리 집에도 놀러도 오시고 내가 운영하는 사업장에도 오시어 일 좀 거들어 주시면 정말 좋겠다. 어머님을 우리 집에 모시지도 못하고 자주 찾아뵙지도 못하는 내 자신이 부끄럽고 안타깝기만 하다. 그런 나를 너는 왜 자주 찾아오지도 안하고 모른 체 내박쳐 놓았냐고 혼내기라도 한다면 울면서 잘못 했다고 빌을 것이다. 그러면 내 마음이 조금이나마 위안이 될것같다.

내 인생의 노을빛 속으로 어머니의 분홍빛 얼굴이
살구꽃잎이 되어 봄바람에 한없이 날리고 있었다

밥상을 차리는 여인

홍성란

몇 시나 됐을까요. 깜박 잠이 들었었나 봅니다. 꿈결인 듯 생시인 듯 현관문을 열고 작은방으로 들어 가는듯한 소리가 들립니다. 이어 빠른 발걸음 소리에 이어 "똑 똑 똑" 도마 위에서 무언가를 조심스럽게 써는 소리가 들렸습니다. 소리는 누워 있는 저의 궁금증을 증폭시키더니 기어이 몸을 일으켜 살며시 방문을 빼주름히 열게 되었지요.

캄캄한 방안으로 주방에서 쏟아져 들어오는 불빛으로 제 망막 위엔 잠시 검은 커튼이 내려졌다가 오르더니 한줄기 빛 속에서 렌즈의 초점이 맞추어졌습니다. 둥근 밥상 위엔 수저가 놓여 있고 방금 보글보글 끓여낸 된장찌개와 몇 가지 반찬으로 밥상을 차린 큰 딸은 앞가슴에 노란 에이프런을 걸치고 앉아 밥을 먹는 제 동생을 다정한 눈빛으로 바라보며 가끔씩 무어라 재잘대고 있습니다. 그런 남매를 바라보던 제 입가엔 희미하고도 쓸쓸한 미소가 이는 것을 억제 할 수 없었습니다.

한 쪽 무릎을 세우고 그 위에 가지런히 두 손을 올려놓은 그 모습 속에는 저의 어머니와 어머니의 어머니였던 외할머니로부터 내려왔을 밥상 차리는 여인의 포즈라는 점에서 어쩜 저렇게 라는 감탄사가 나왔던 것이지요. 딸의 모습에서 저를 보듯 저와 어머니의 모습은 밥상 차리는 모습에서 많아 닮아 있다고 생각 합니다.

주택에 사시는 어머니는 생활이 편한 아파트로 이사할 것을 권하는 자식들에게 사람 사는 맛이 적다시며 낡아 가는 지금의 집에서 여생을 마치고 싶어 하십니다. 마당에 두 그루의 감나무와 한그루의 대추나무가 있고 흙냄새를 조금이라도 맡을 수 있는 자그만 채마밭이 있어 뭐든 씨앗을 뿌려 봄이면 예쁜 새싹들이 뾰족뾰족 솟아 나오는 모습을 볼 수 있는 그런 기쁨이 좋으시다 말씀하시지요. 그뿐인가요. "얘야 노는 입에 염불이라고 늙은이가 야채라도 심구 겨울에 김장독이라도 묻어 놓고 김치 꺼내 먹는 재미라도 있어야 된다."며 흙 마당을 고집 하십니다. 김장 얘기가 나왔으니 말이지 사실 어머니가 담그시는 김치 맛은 지금도 여전하십니다.

문득 김장하던 날이 생각나네요. 어릴 적 김장하던 날은 왜 그리 추웠었는지 발갛게 얼은 손을 호호 불어가며 그 많은 김장을 어쩌면 그리도 쉽게 하셨는지요… 간이 슴슴하게 밴 배추 포기를 맑은 물에 깨끗이 씻은 다음 물이 빠지게 척척 소쿠리에 걸쳐 놓고 연한 녹색과 노란 고갱이를 뜯어 갖가지 양념이 배합된 속을 듬뿍 올려 우걱우걱 먹는 맛이라니. 고기 맛에 비할 수 있냐고 하시던 말씀이 실감 나는 순간이었지요. 더구나 된장을 풀고 생 배추를 숭덩숭덩 썰어 끓인 배추 국에 향긋한 미나리 생강 냄새가 곁들인 금방 버무린 김장김치가 올라간 밥상은 다른 반찬이 없어도 밥 한 그릇 뚝딱 비웠던 최고 메뉴로 잊혀 지지가 않습니다. 아마도 그 맛은 곰삭은 어머니의 마음이었기 때문에 가능했으리라 생각되어요.

곰삭은 어머니의 삶. 그것은 복숭아 꽃 피는 시골에서 자라 한 남자의 아내가 되어 살아오면서 오랜 세월 동안 몸과 마음의 자동 스위치가 된 밥상 차리는 여인의 모습에서 연원을 회상하여야 할 것 같습니다. 칠순이 진즉 넘으신 어머니는 올해 들어 부쩍 늙으셨습니다. 마치 쪼그라드는 누에고치마냥 오그라드셨지요. 그 연세의 여인의 일생이 대개 그렇듯 남편과 자식을 위해 긴 세월 기다림과 사랑으로 살아 오셨지요. 곱던 얼굴엔 인생의 속살무늬처럼 검버섯이 얼룩 꽃 되어 피어나고 거칠고 마른 두 손엔 장작 가시가 머리를 맞대고 서 있습니다. 때문에 어릴 적 마당 넓었던 집을 떠 올리면 늘 따라오는 상념이 덜덜거리는 영사기 소리처럼 추억을 주절대기도 합니다.

가령 바람이라도 부는 날이나 눈이라도 사르륵 사르륵 내리는 밤이면 방안의 고요와 스쳐 지나는 바람 소리, 덜컹대는 대문소리 그리고 발자국 소리 그림처럼 방안은 고요 속에 한쪽에 밥상이 차려 있고 30촉 전구 아래 한쪽 무릎을 세우고 앉아 양말을 기우면서 우정 문 쪽에 귀를 열고 계시던 어머니 아니 한 여인의 고즈넉한 기다림의 모습. 밥상을 차려 놓고 문을 바라보며 기다리는 기다림의 눈빛. 밤이 이슥하도록 아버지의 귀가를 기다리던 어머니는 아침이면 어제의 기다림이 있었냐 싶지 않게 앞치마를 걸치고 일찌거니 밥상을 차리시곤 하셨죠. 생각하면 산다는 것은 준비과정이라고 누군가 얘기한 그 과정이었는지 모릅니다.

이제 살아온 날보다 남은 날이 적은 어머니. 그런 어머니에게도 늙어간다는 것은 단지 멸하여 가는 것만이 아니고 한 인간으로서 떨림이 있다는 것을 지금에서 느낍니다. 여자이기 전에 아내로서 어미로서의 모의 의미에 모래시계를 가두고 오직 남편과 자식에 대한 사랑과 희생, 기다림과 체념의 길을 걸어오셨기에 늙어가는 여인의 떨림 그것은 여자로서 서는 일 뿐이 아니라 인간의 조건으로서 이기도한 사는 날까지 굳건히 서기 위한 마지막 치열함이 아닌지요. 산다는 것은 끝없이 나가는 준비과정이란 의미를 가슴에 새겨 봅니다.

저도 어머니의 모습을 닮아가고 있나봅니다. 처녀 적엔 절대 어머니처럼 살지 않겠다고 생각했던 저입니다. 그러나 어느새 닮아가는 저를 봅니다. 그리고 오늘 제 딸의 모습에서 저와 외할머니의 모습을 닮아 가는 모습을 보았습니다. 그런가 봅니다. 밥상을 차리는 여인, 그것은 어머니의 모습이며 저의 모습이기도 합니다.

어머님의 금메달

홍성숙

"풀 캐며 놀아라. 그래야 밥맛 난다". 방학을 맞아 큰 집에 놀러온 아홉 살, 일곱 살 손녀딸들에게 하시는 어머님 말씀이시다. 올해로 일흔 일곱 생신을 맞으신 어머님. 어린 나이에 외할아버지 여의시고 이남 이녀의 맏딸로 학교 문 앞도 못 가보셨다 하신다. 내가 기억하기엔 세상 첫 발을 내딛고, 잡초와 곡식을 분별할 나이쯤부터 밭일은 시작되어 칠십년 가까이 잡초와 싸우고 계시는 것 같다. 그래서 본인의 경험으로 손녀딸들에게 하시는 말씀인 것 같아 더 마음이 짠하다. 요즘도 큰아들의 성화를 뿌리치고 새벽 여섯시부터 밤 아홉시까지는 보통이시다. 오늘도 금메달을 따러가는 선수처럼 이마에 수건을 두르고, 한 손에 호미를 들고 맨발로 농장에 나타나신다. 이런 어머니 모습을 본 밭고랑 잡초들은 벌써 노랗게 질려 떨고 있는 것 같다.

어제는 생명력이 질긴 바랭이가 어머니 손에 잡혀, 거꾸로 매달려 항복하는 모습을 보고 남편과 얼마나 웃었는지. 어머니로써 육 남매를 키우며 학교 한 번을 안 가보셨다 하신다. 네 자매를 시집보내면서도 모든 것을 아버님께 맡기셨다.

언젠가, 엄마와 혼수 한 번을 사본 기억이 없다는 시누이들의 투정을 들은 적이 있다. 함께 사는 귀하고 이쁜 손주 둘도 할머니 등에 업혀 본 기억이 없다. 요즘도 가끔 당신의 아들딸들이 어머님을 뵈러 와도 밭에 나와 함께 일 하기만을 바라시니 자랄 때나 지금이나 엄마와의 애틋한 추억이 없는 자식들은 돌아가신 아버지의 정보다 어머니에 대한 정이 적다. 언제나 흙과 풀물로 얼룩진 작업복만 입으시고 자식들이 사다준 고운 옷들은 장롱 안에서 유행을 보내며 울고 있다. 잡초 앞에서 가장 씩씩하시고 자신감이 넘치시는 어머님, 사람들과의 만남도 어색해 하시며 무조건 날이 새면 밭으로 향하신다.

내가 신혼 초에는 이해가 가지 않았다. 가족 간에 대화 없이 어머니 혼자만의 생각으로 하시는 일, 때가 되어 밥을 잡수라고 성화해도 안 들어오시고 하던 일이 끝나고 당신이 잡수고 싶으셔야만 들어오신다. 일하실 때는 본인의 생각이 강하셔서 식구들은 어머님 하시는 대로 지켜보는 편이었다. 나는 어머님이 밤늦게 들어오실 때면 기다리다 너무 배가 고파 부엌에 서서 훔쳐 먹는 사람처럼 긴장하며 밥을 먹었다. 그러다 작은 바람소리에 깜짝 놀랄 때면 큰 고통이라고 남편에게 많이도 불평했었다. 그러나 벌써 삼십 년의 시간 속에 꼿꼿하신 어머님의 자존감과 자존심도 세월 속에 묻히고 어디가시든 노령의 작아짐을 애써 인정하며 돌아서시는 뒷모습을 볼 때면 마음이 아프다. 또 가뭄에 콩 나듯 걸려오는 자식들의 전화를 반가이 받으시는 건넛방 어머님의 목소리는 곰살스럽게 못 해드리는 내 마음을 찌른다. 많은 세월 삽과 호미가 어울리지 않는 가녀린 몸집에서 나온 힘과 끈기의 강인함도 자식을 위한 모정의 힘이셨으리라. 그렇다. 어떤 부모가 자식과 함께하고픈 마음이 없을까? 아마, 시누이들의 투정이 어머님 가슴에도 문신처럼 새겨져 종종 드시는 술 한 잔으로 지우고 싶은 마음이 아닐까 싶다. 세상 어머니라고 다 같을 수 없는 드문 일생을 사신 어머니셨기에 자식의 마음은 무겁다. 이젠 풀을 캐는 선수가 아닌 남다른 인생을 사시는 어머님으로써 금메달을 드리고 싶다.

또 고요한 밤하늘의 달을 바라보며 어머님의 고단한 삶이 있었기에 지금 우리의 여유로움이 있다고 생각한다. 그래도 어머님이 요만큼이라도 건강히 우리 곁에 계셔서 깨달음을 느낄 수 있게 하여 주심에 감사하다. 어머님의 삶이 헛되지 않도록 자식의 도리를 다하며 오늘도 열심히 살리라 조용히 마음속으로 약속을 한다. 어머님 남은 생에 드시는 한 잔의 술은 어머님 인생의 축배주가 되시기를 이 밤도 빌어본다.

한 많은 어머니의 인생

홍재석

지난날 가부장제도에서, 어머니는 시집오신 지 십 년이 되도록, 자식포태를 못했단다. 그간의 힘겨운 고생과 한 많은 어머니께, 나는 늦게나마 효를 다하겠다고 생각했다. 그러나 그림자 없는 어머니인지라, 사랑과 하해 같은 은혜를 어찌 보답하리. 까마귀의 반포지효만도 못하지 않는가.

그 시절 어머니는 종부로서 칠거지악의 죄의식으로, 남몰래 울면서 일만 하였단다. 아무 말도 못한 기나긴 십 년의 세월을 기죽이고 살아오셨다고 한다. 이 년 뒤에 시집온 작은어머니와 할머니 종조모까지, 한울다리 안에서 한 해에 다 아들을 낳았단다. 정작 종부인 어머니는 포태도 못하고 세 분의 산후조리만을 다 해주었다니, 같은 여자로서 시련의 가슴쓰린 심정은 오죽했을까?

집안에서는 아버지에게 양자를 들이던지, 새장가를 가라는 어른들의 성화에, 어머니는 몸 둘 바를 몰랐단다. 증조부님은 매년 땅을 작은손자 앞으로 사니 큰손자인 아버지마저도 웃음을 잃으셨겠지. 괴로운 시간은 하루가 여삼추 같다는데 그 긴 세월 구박과 서러움 속에서, 할머니의 눈 밖으로 밀려나고 시집살이만 더 하였으리라. 철부지 작은삼촌은 누룽지 긁여 안준다고, 어머니 밥에 재를 뿌리고 오줌을 누고가도 아무 말도 못하였단다. 혼자 부엌에서 그 밥을 물에 씻어 먹었다니 얼마나 기막힌 노릇에 마음이 아렸을는지.

어머니는 자신의 신세와 서러움으로 견디기 어려운 죄책감에, 종부의 자리를 물러나려고 독한 마음이 드셨겠지. 어느 날 첫 새벽에 아버지에게도 내색 없이 어스름 달빛에 눈물을 앞세우고 집을 나섰단다. 서러움에 지쳐서 무서운 줄도 모르고, 치마를 덮어쓰고 죽으려고 했건만 아버지를 생각해서 친정으로 도망을 간 것이란다. 그래도 할아버지는 큰며느리를 불쌍하게 여기고 가족들을 야단치시고는, 아버지에게 "당장 가서 데리고 와라." 호통을 치시는 바람에, 어머니는 사일 만에 되돌아 왔단다. 그때 큰외삼촌이 어머니께 자식 앞세우지 않고는 친정에 올 생각도 말고, 시집귀신이 되라는 엄한 역정에 어머니는 뜨거운 눈물을 삼키면서, 외할머니를 원망했으리라. 그 사연 후에 지극정성을 다하고 조상님과 삼신께서 점지하여 수태를 하시고, 시집 온지 십년 만에 금지옥엽 같은 나를 낳았단다. 천지를 얻은 기쁨으로 할아버지에게 보답이라도 하듯, 장 손자를 안겨 드린 것이 어머니 생애에 가장 기쁜 때이었다고 내게 눈물겹게 일려주셨다.

내 나이 일곱 살 때다. 증조부님 작고 후에 숙부님이 할아버지와 아버지를 속이고 몰래 논밭 삼십여 마지기와 집까지 식산은행에 담보하고, 거액인 '일천이백앤'의 부당대출을 받고서 일본으로 이사를 간 사건이 있었다. 어른들은 거치기간이 지난 뒤에 알게 되었다. 할아버지는 눈물을 흘렸지만 상환 능력이 없었다. 결국 경매처분으로 살림이 반 이상 줄어들었다. 이 사연으로 집까지 빼앗기고 '새마' 마을로 이사를 갔다. 아버지도 일본으로 돈 벌러 가셨다. 그래서 나의 소년기는 늘 어머니의 사랑을 받고 자랐다. 내 나이 아홉 살 때다. 어머니는 나를 앞세우고 처음이자 마지막인 친정을 생애에 한 번밖에 못가셨다. 얼마나 애절하며 안타까운 한이 맺혔을는지.

그래도 해방 전해 가을에 증조모님의 별세로, 아버지는 '일본 나가사키' 부두에서 노동을 하시다가 잠시 귀국하셨다. 어머니는 아버지를 두 번 다시 일본에 못가시게 붙잡고 애원을 하셨다. 그 덕에 당시 일본 '나가사키 원자폭탄 피해'를 아버지께서는 피하게 된 행운이다. 이는 어머니의 착하고 후하신 사랑의 힘으로 천운의 신조를 불러왔으리라. 그 시절에 어머니는 고생고생하던 지난날을 다 잊으시고 웃음꽃을 피우며 살아오셨다. 청초하게 고운 미소 지으시면서 험한 세상을 살아오시던 어머니의 모습이 오늘 따라 아련하게 회상되고 내 마음속에 곱게 그려진다.

거액을 가지고 일본으로 간 숙부모님은 해방 후에 빈손으로, 아홉 식구와 천연두 전염병까지 달고 왔다. 한집에서 한 달여 살다보니 사촌들은 치유 되었지만, 나의 남동생 네 살짜리가 천연두로 죽었다. 어머니의 가슴속에는 또다시 슬픈 사연을 안고 사셨다. 다 키운 자식을 잃었으니 얼마나 애통하시고 더욱 안타까운 심정이었으랴. 그 와중에도 아버지와 어머니는 미운 심정은 삼키시고 선한 마음으로 콩 한쪽도 나누워 먹는 형제간의 우의이었다. 어려운 살림이지만 가을 논에 벼째로 토지재분

배와, 살집도 마련해주는 나눔의 아량을 베푸셨다. 그로인한 태산 같은 한 많은 삶의 고생을 어찌 다 이루 말하리.

가난하고 불안한 6.25전쟁 후에는 각처에 전염병이 만연했다. 어머니는 수인성 장질부사에 걸린 가족들의 병간호를 다해주셨다. 마지막으로 전염되어 몸져누우신 지 보름 만에 49세 아홉수를 넘기지 못하시고, 추운 겨울밤에 종신자식인 나의 손을 놓고 눈을 못 감으신 채로 운명하셨다. 그 애통하고 불쌍하며 꿈에 그리던 어머니의 한 많은 인생을 무엇으로 보답한단 말인가. 이제는 세월 속에 다 바래어 잊혀가지만, 이 나이에도 어머니를 생각하면 그저 한스러운 서러움과 안타까움에 눈물만이 앞을 가릴 뿐이다.

살 구 꽃

김홍은

살구꽃이 지는가 하면, 어느새 풋살구가 달려 돌담 마당가로 떨어졌다. 풋살구가 발에 밟히던 초여름의 고향은 잊을 수가 없다. 이맘때면 집 앞의 도랑을 타고 맑은 물이 흘렀고, 건너편 산기슭으로 우람하게 서 있는 팽나무 숲은 연두색 속잎으로 수놓아졌다. 밤이면 소쩍새가 날아와 나뭇가지에서 가끔씩 울었다. 나는 지금도 소쩍새 울음소리를 들으면 어머니가 보고 싶어진다. 이 나이에도 늙어 가는 가슴은 어머니를 생각하면, 어린 시절에 나를 부르시던 그 다정한 음성은 한없이 눈물로 쏟아져 나온다.

어머니. 이렇게 부르면 누군들 그립지 않은 부모가 있을까만, 나만은 그렇지가 않다.

어머니는 50여 년 전에 '문둥이 촌'으로 팔려 가셨다는 풍문이 마을에 나 돌은 이후로 지금까지 소식이 없다.

아버지는 6.25의 여름 피난길에 총에 맞아 세상을 뜨셨고, 다섯 살 된 여동생은 겨울피난에 장질부사를 앓다가 애석하게도 눈을 감고 말았다. 새파랗게 젊은 어머니는 그 해 봄, 유복자로 딸을 낳았다. 전쟁으로 남편을 잃고 과부가 된 어머니. 나는 산다는 게 무엇인지는 잘 몰랐지만, 어머니는 추운 겨울에 땔나무를 해 나르며 힘이 부칠 적마다 아버지 생각을 하면서 눈물로 세월을 보내셨다.

마을 사람들은 어머니의 애처러운 모습을 보다 못해, 일본으로 징용에 끌려갔다 돌아와, 혼자 사는 이웃 마을사람한테 중매를 서서 재혼을 하게 했다. 그 후 얼마간은 어머니는 힘든 일을 하지 않아 좋았다. 그러나 즐겁던 마음도 길지는 않았다. 내가 학교에 갔다가 돌아와 보면, 어느 때는 옹기화로 안에는 삼발이가 놓여 져 있었다. 그 위에는 하얀 사기그릇에서는 김이 모락모락 올라왔고, 흰 솜도 함께 담겨있었다. 화로 옆의 방바닥에는 작은 주사기도 있었고, 어머니와 아버지는 사흘이 멀다 하고 입 다툼이 잦았다. 나는 그때마다 불안한 나날을 보내면서 새 아버지가 싫었고 아버지라 부르지 않았다.

우리는 일 년을 함께 사는 동안 땅도 팔게 되었고, 어머니는 나를 버리고 어디론가 떠나가고 말았다. 내가 학교에 갔다 집에 돌아와 보니 방문은 활짝 열린 채 마루에는 빈 밥상만 덩그마니 자리하고, 깨진 주사기만 방바닥에 나뒹굴었다. 나중에서야 알게 된 일이지만, 새 아버지는 아편 중독자 이었다.

이후로 나는 큰집에서 살았다. 어머니가 떠난 그 해 초겨울이었다. 어찌된 일인지 여동생은 이웃 마을 사람의 등에 업혀 큰집으로 돌아왔으나 어머니는 돌아오시지 않았다. 소문에 의하면 새 아버지가, 어두운 밤에 어머니를 문둥이한테 몰래 팔아넘기고 자신은 어디론가 도망쳐버렸단다. 그래서 어머니는 문둥이 촌에서 한발자국도 벗어나지 못하고 그곳에 잡혀 있다고 했다. 어머니는 아마 그렇게 되셨을 거라고 막연하게 그냥 믿으며 살아 왔다.

봄이 오면 더욱 어머니가 그리웠다. 어쩌다 호적초본을 떼는 날에는 오랜 날 가슴에다 파묻고 살아왔던 어머니를 행정적으로나마 그 이름을 만나게 된다. 지금까지 행방불명이 되어 있지만, 그때마다 어디선가에 살아 계실지도 모른다는 생각에 아직도 사망신고를 낼 수도 없다.

내가 어릴 적에는 재혼을 한 어머니가 미웠고, 중매를 한 마을 사람도, 새 아버지였던 그분도 모두가 한없이 원망스러웠다. 차츰 나이가 들면서 인생의 의미를 조금씩 알게 된 이후로는, 이제 모두가 그립고 보고 싶어진다.

저녁노을이 지는 지붕위로 석양빛에 하얗게 박꽃이 피어나면 마당에 멍석을 깔고, 금강에서 잡아온 다슬기를 삶아다 대추나무가시로 속을 빼먹든 여름밤도 생각난다. 마당가에 모깃불을 놓고 밤이 새도록 마을사람들이 모여 도란거리는 나직한 목소리며, 은은하게 쏟아지는 달빛 속으로 들려오던 풀벌레 울음소리가 한없이 듣고 싶다.

물동이에 바가지를 띄워놓고, 머리에 똬리를 올려놓고 무거운 물동이를 이고 돌담길을 돌아오시던 발자국소리며, 들에 갔다 채소를 뜯어 앞치마에 담아 환하게 미소를 지으며 골목길을 걸어오시던 어머니.

겨울이면 호롱불 아래서, 바느질하는 어머니의 무릎을 베고 잠이 들던 포근한 사랑이 한없이 그립다. 그 뿐이 아니다. 깊어가는 가을밤이면 어머니의 다정한 음성이 아련하게 파도처럼 귓전으로 밀려와 맴돌다 소리 없이 슬픔이 되어 부서져가기도 한다. 지난 추억들이 사무쳐오면 가슴을 짓누르는 어머니의 그리움에 마음을 어찌 해야 할지 모른다.

지난 어느 봄날이었다. 어머니가 하도 그리워 무작정 집을 나섰다.

눈물과 한숨으로 살아갔을 청주 근교의 옛날의 문둥이 촌을 찾아가 보았다. 공연히 가슴이 떨려왔다. 지금은 어디로 다 떠나갔는지 폐허가 되어버린 쓰러진 빈집들이 잡초에 묻혀 여기저기 널려있을 뿐이다. 작은 교실 한 칸의 학교 건물은 지붕은 어디로 갔는지 시멘트벽만 남아 있다. 몇 평 남짓한 마당가에는 우거진 망초 속에 여학생의 모습을 석고로 빚어 세운 조각물이 학교의 흔적임을 알릴뿐이다.

한 많은 세월을 이곳에서 살다 어디론가 가셨을 어머니!

사회로부터 천대받던 문둥이들이 살다간 마을이라 그러한지 사방을 둘러보아도 적막함이 감돌았다. 저녁 노을빛이 폐허에 잠겨있는 가슴을 더욱 아리게 하였다. 어머니의 모습을 떠올리며 사방을 둘러보았다. 순간 가슴으로부터 소리도 없이 눈물이 펑펑 쏟아져 내렸다. 인생의 허무한 슬픔이 밀려와 점점 발목은 힘이 빠지고 있었다. 천천히 발길을 옮겼다. 머릿속으로 어머니의 모습과 고향의 추억들이 떠올랐다.

어느 만큼을 하염없이 발길을 허허로움에 옮겨 갔을 즈음이다. 이곳에는 아직도 사람이 거처하고 있는 집 한 채가 초라하게 남아있었음을 발견했다. 쓸쓸한 낡은 집 앞에는 40여 년은 되었음 직한 살구나무 한 그루가 꽃이 만발하여 봄을 알리고 있다. 울도 담도 없는 집의 쪽마루 끝에는 남루한 옷차림의 할머니가 혼자서 쑥을 다듬고 계셨다.

어머니는 살구꽃을 참으로 좋아하셨다. 순간 꼭 어린 시절의 고향집 앞에 서있는 기분이 들었다. 쑥을 다듬는 노인 곁으로 천천히 다가갔다. 옆으로 바라보니 틀림없는 나의 어머니시다. 어머니하고 부르려니 왈칵 목이 메여 목소리가 나오지 않는다. 눈물이 쏟아져 앞이 보이지 않아 발자국을 더 옮길 수가 없다.

그동안 못다 부른 어머니를 가슴이 터지도록 소리쳐 불렀다.

어머니…

내 인생의 노을 빛 속으로 어머니의 분홍빛 얼굴이 살구꽃잎이 되어 봄바람에 한없이 날리고 있었다.

그리운 어머니

2012년 5월 21일 인쇄
2012년 5월 23일 발행

지은이 | 김홍은 외 45명
펴낸이 | 함금태
펴낸곳 | 대한출판

주　소 | 충북 청원군 북이면 신기리 319-7
Tel. (043)213-6761 / Fax. (043)213-6764
이메일 | cjdeahan@hanmail.net
등　록 | 2007년 6월 15일 제3호

ISBN 978-89-88521-47-2

· 책값은 뒤표지에 있습니다.
· 파본은 구입처에서 교환해 드립니다.